Die Wikinger

Dominique Lurz und
Barbara Scherrer

Klasse 3/4

Verlag an der Ruhr

Impressum

Titel
Werkstatt kompakt
Die Wikinger – Kopiervorlagen mit Arbeitsblättern

Autorinnen
Dominique Lurz und Barbara Scherrer

Titelbildmotiv
© natsmith1 – iStockphoto

Illustrationen
Bettina Weyland u. a.

Satz und Layout
Melanie Reich, ideenreich

Verlag an der Ruhr
Mülheim an der Ruhr
www.verlagruhr.de

Geeignet für die Klassen 3 – 4

ISBN 978-3-8346-3104-6

Printed in Germany

Inhaltsverzeichnis

Vorwort

Wikinger. Bärtige Männer, die, bewaffnet mit Schilden und Schwertern, auf „Wikingfahrt" gingen, ganze Dörfer ausraubten und in vielen Ländern Furcht und Schrecken verbreiteten. So in etwa stellen sich viele Kinder und auch Erwachsene die Seefahrer aus dem hohen Norden vor. Doch, was viele nicht wissen, die meisten Wikinger waren friedliche Bauern, schlaue Händler und geschickte Handwerker.
In dieser Werkstatt erfahren die Schüler* Wissenswertes und Interessantes über das Leben der Wikinger, ihre Reisen, ihre Schiffe u.v.m.
Zu diesem Thema haben die Kinder sicherlich schon einiges gehört. Man denke dabei an die bekannte Zeichentrickserie „Wickie und die starken Männer" oder auch an die beiden „Wickie"-Kinofilme. Doch vieles, was man in Büchern oder Filmen über die Wikinger erfährt, ist oft falsch. Einige dieser „Irrtümer" werden in dieser Werkstatt aufgeklärt.

Zum Aufbau des Heftes

Dieses Heft enthält 38 Arbeitsblätter als Kopiervorlagen für die Hand der Schüler. In der Regel befinden sich auf einem Arbeitsblatt sowohl die Arbeitsmaterialien (in Form von Informationstexten und/oder Grafiken) als auch die Aufgaben selbst. Zu einzelnen Themen gibt es auch mehrere Arbeitsblätter.
Einige Aufgaben können die Schüler direkt auf dem Arbeitsblatt bearbeiten. Sofern dazu kein Platz vorgesehen ist, können die Kinder die Rückseite der Kopiervorlage, Extrablätter oder ein Lerntagebuch nutzen. Reine Informationstexte können Sie laminieren, um einen mehrfachen Einsatz zu gewährleisten.
In welcher Sozialform die Schüler arbeiten sollen, können Sie und die Kinder anhand der Logos rechts oben auf den Arbeitsblättern sehen:

 **Einzelarbeit**

Partnerarbeit 

 **Gruppenarbeit**

* Aus Gründen der besseren Lesbarkeit haben wir in diesem Buch durchgehend die männliche Form verwendet. Natürlich sind damit auch immer Frauen und Mädchen gemeint, also Lehrerinnen, Schülerinnen etc.

Die Wikinger-Werkstatt ist in folgende Kapitel gegliedert:

 **Wer waren die Wikinger?**

Wie lebten die Wikinger? 

 **Wikinger auf Reisen**

Wissenswertes rund um die Wikinger 

Wikinger-Spiele

Überprüfe dein Wikingerwissen 

Treffen Sie bei den Kopiervorlagen und Aufgaben eine individuelle Auswahl, je nach Interesse und Leistungsfähigkeit Ihrer Schüler und dem zur Verfügung stehenden Zeitrahmen.
Eine Differenzierung können Sie sowohl über die Auswahl der Arbeitsblätter als auch über die Auswahl einzelner Aufgaben auf den Kopiervorlagen vornehmen. Viele Aufgabenstellungen sind offengehalten und somit für leistungsstärkere als auch für leistungsschwächere Schüler geeignet.

Weitere Hinweise

Während der gesamten Werkstattarbeit sollten Sie Landkarten bzw. Atlanten zur Verfügung stellen. Für Rechercheaufgaben wird in der Regel ein Internetzugang benötigt. Einige Aufgaben lassen sich möglicherweise auch mithilfe verschiedener Nachschlagewerke lösen. Stellen Sie dazu jedoch vorher sicher, dass die gefragten Informationen dort auch wirklich nachzulesen sind. Hilfreiche Literatur und Internetseiten finden Sie auf S. 48 dieses Buches.
Auf den jeweiligen Kopiervorlagen finden die Schüler genaue Angaben zu den Materialien sowie konkrete Arbeitsanweisungen. Für Sie als Lehrkraft gilt es, sämtliche Materialien vorab zu besorgen oder ggf. auch von den Schülern mitbringen zu lassen.
Die Zeittafel von S. 47 können Sie ggf. als Infoplakat groß kopiert im Klassenzimmer aufhängen.

Vorwort

Für das **Wikinger-Spiel** (S. 39) sollten Sie den Spielplan auf DIN A3 vergrößern und laminieren. Auch die Spielkarten müssen vervielfältigt und laminiert werden. Stellen Sie darüber hinaus verschiedenfarbige Spielfiguren bereit.

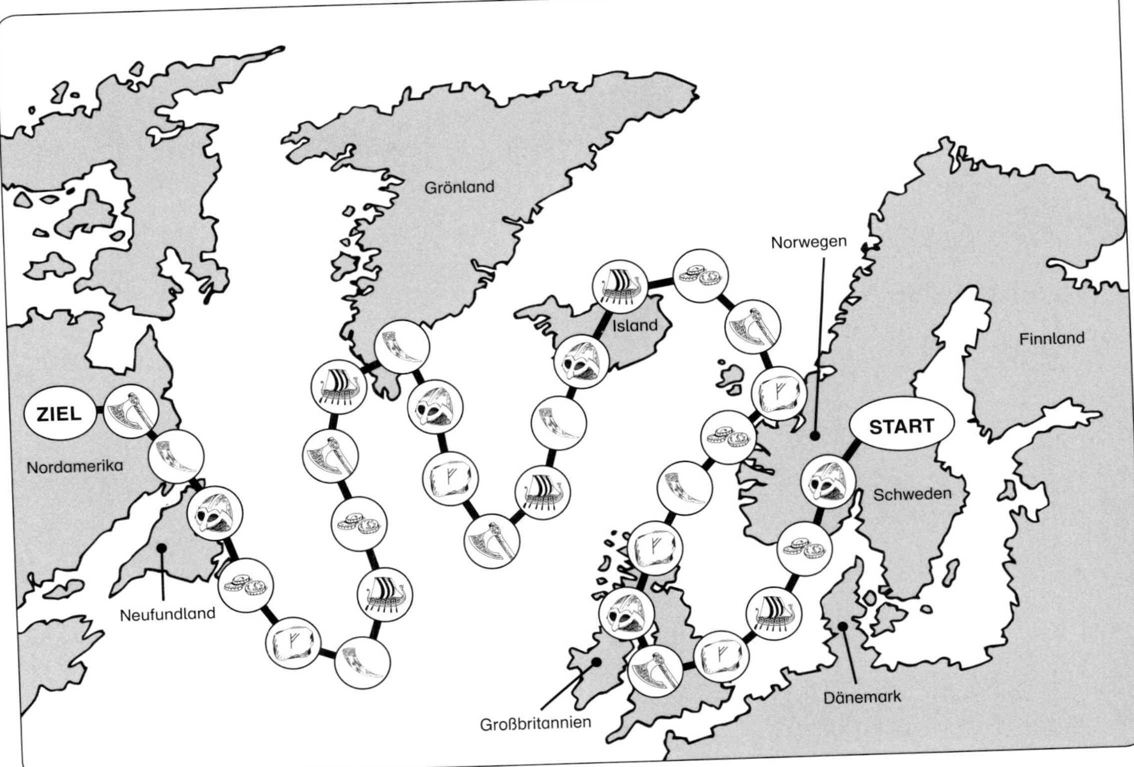

Zusätzliche Anregung

Sollten Sie genug Zeit haben, ist es eine willkommene Abwechslung für die Kinder, einen alkoholfreien Honigwein (Met) selbst herzustellen. Das Rezept für Met ist sehr einfach.

Du brauchst:

➔ die Hilfe eines Erwachsenen!
➔ 5 Äpfel
➔ 1 Liter Wasser
➔ 2 Teelöffel Honig (auch etwas mehr)
➔ Messer
➔ Brett
➔ Kochtopf
➔ Herdplatte
➔ Kochlöffel
➔ Sieb
➔ Trinkbecher

So geht es:

1. Wasche die Äpfel gut ab.
   Schneide die Äpfel in Viertel und schneide das Kerngehäuse aus den Äpfeln. Schneide die Äpfel in Streifen.
2. Gieße das Wasser in den Topf und gib die Äpfel dazu. Süße alles mit Honig.
3. Stelle den Topf auf den Herd und rühre vorsichtig um, bis es kocht.
   Achtung, nur mithilfe eines Erwachsenen!
4. Nimm den Topf vom Herd und stelle ihn auf eine feuerfeste Unterlage.
5. Nun gieße alles langsam durch ein Sieb in eine Kanne.
6. Lass es abkühlen, bevor du den Met genießt.

„Gute Gesundheit!“

Lösungen

Wann lebten die Wikinger? (S. 12)

Aufgaben 1–3:
Beginn der Wikingerzeit (793)
Ende der Wikingerzeit (1066)
Marco Polo (geboren 1254)
Gutenbergs Buchdruck (1450)
Mozart (geboren 1756)
Erstes Automobil (1863)
Internet (1979)
Mein Geburtsjahr (individuell)

Wo lebten die Wikinger? (S. 13)

Aufgaben 1 und 2:

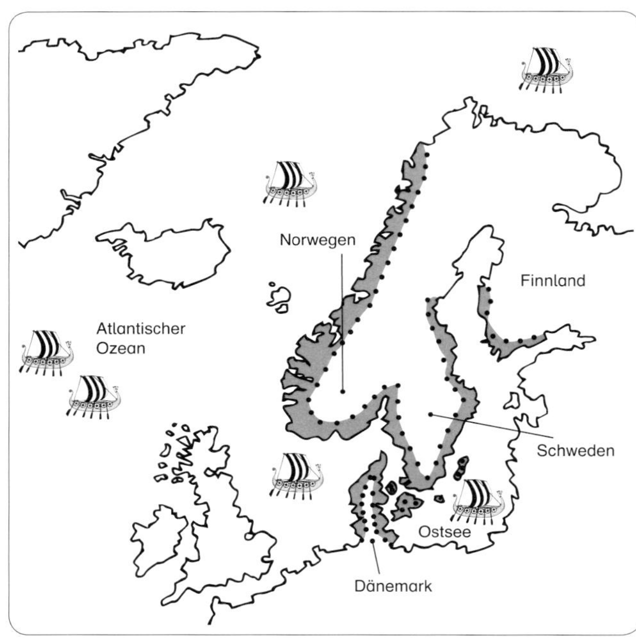

Aufgabe 3:
Sie siedelten sich in Küstennähe an.

Aufgabe 4:
Gute Erreichbarkeit. Ihr Hauptfortbewegungsmittel war das Schiff, daher war die Küstennähe wichtig für sie.

Berühmte Wikinger (S. 14–16)

Aufgaben 1 und 2:

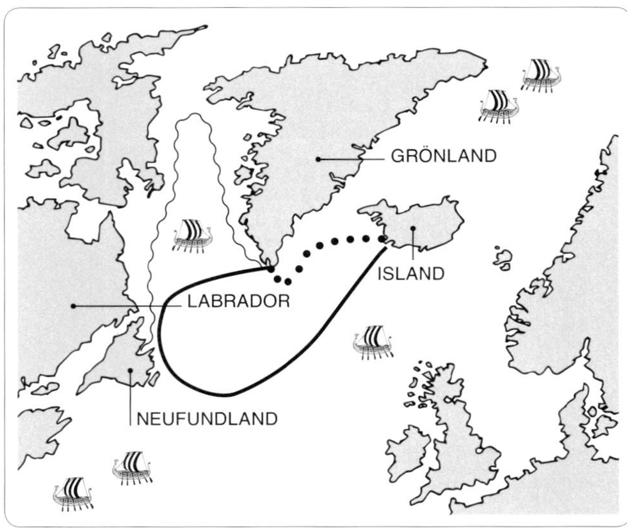

Bjarne Herjúlfsson
Erik der Rote
Leif Erikssen

Aufgabe 3:
Neufundland = Weinland
Grönland = Grünland
Labrador = Waldland

Aufgabe 4: (Beispiellösungen)
Christoph Kolumbus war nicht der Entdecker Amerikas.
Bjarni Herjúlfsson betrat nie Nordamerika.
Erik der Rote war der Entdecker Grönlands.
Leif Eriksson segelte nach Nordamerika.

Wie wohnten die Wikinger? (S. 17)

Aufgabe 1:
Richtig: Es gab nur einen großen Raum.
Alle anderen Aussagen sind falsch.

Aufgabe 2:
Die Feuerstelle diente auch als Lichtquelle und Heizung.
Das Dach war mit Stroh, Rasen, Schilf oder Holzschindeln gedeckt.
Der Boden bestand aus festgestampfter Erde.

Wie lebten die Wikingerkinder? (S. 18)

Aufgabe 1:
Sohn: Aki Olafsson
Tochter: Frida Olafsdóttir

Lösungen

Welche Kleidung trugen Wikinger? (S. 20)

Aufgabe 1:

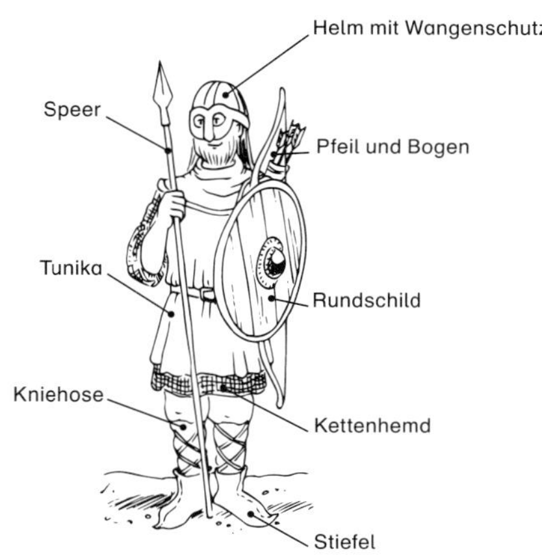

Aufgabe 2:
Wikingerhelme hatten keine Hörner. Dies ist ein häufiger Irrglaube, vor allem durch Filme und Bücher entstanden.

Die Wikinger-Küche (S. 21)

Aufgabe 1:
Waren die Felder zu nass, um eine ertragreiche Ernte zu gewährleisten, konnten die Wikinger nicht genug Nahrung einlagern.

Aufgabe 3:
Milch – zu Käse, Quark oder Butter verarbeiten
Fisch – salzen und räuchern
Fleisch – an der Luft trocknen
Erbsen, Bohnen, Äpfel, Beeren – trocknen

Die Waffen der Wikinger (S. 23)

Aufgabe 2:
Text A – Pfeil und Bogen
Text B – Helm
Text C – Axt
Text D – Schwert

Aufgabe 3:
Dolch, Speer, Lanze, Schild, Sax (einschneidiges Hiebschwert)

Der Wikingerüberfall 1/2 (S. 24)

Aufgabe 1:
~~Am~~ In Klöstern ~~bei~~ und Kirchen fanden die Wikinger ~~keine~~ wertvolle Schätze und Heiligtümer.

Die Mönche waren ~~überlegen~~ überrascht und ~~auch~~ rechneten nicht mit ~~von~~ einem Angriff von See ~~Land~~ her.

Aufgabe 2:

1 Das Schiff startklar machen und sich einen Ort für den nächsten Raubzug aussuchen.
2 Sich mit dem Schiff auf die Reise begeben.
3 Unbemerkt in die Nähe des Ziels segeln und einen Überraschungsangriff starten.
4 An Land stürmen und den Ort umzingeln.
5 Die Dorfbewohner gefangen nehmen und einsperren.
6 Alle Kostbarkeiten einpacken und mitnehmen.
7 Häuser anzünden, um Zeit zu gewinnen.
8 Und schnell davon.

Der Wikingerüberfall 2/2 (S. 25)

Aufgaben 3 und 4:
Die Gebiete und Städte liegen in Küsten- oder Flussnähe und konnten mit dem Schiff gut erreicht werden.

Die Wikinger-Stadt Haithabu 2/2 (S. 27)

Aufgabe 7:
gute Erreichbarkeit, da küstennah, über Nordsee und Ostsee erreichbar, durch einen Wall vor Angriffen geschützt

Aufgabe 8:
Haithabu wurde so genannt, da die Stadt von Wasser umgeben und von allen Seiten auf Wasserwegen erreichbar war.

Wie sahen die Wikinger-Schiffe aus? 2/2 (S. 29)

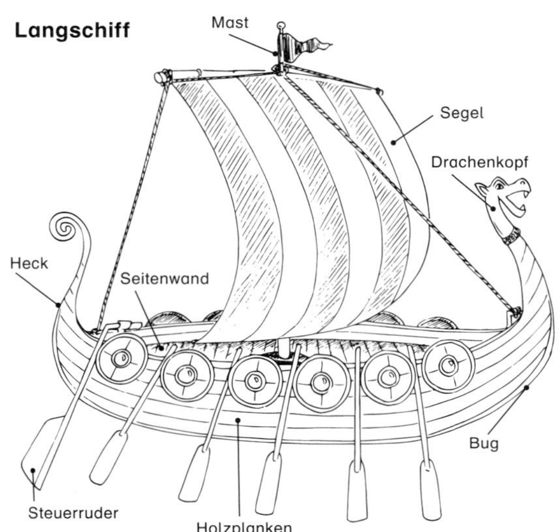

Lösungen

Wie orientierten sich Wikinger auf See? (S. 31)

Aufgabe 1:
Es traute sich damals kaum jemand auf das weite Meer, da es weder Kompass noch Seekarten gab.

Aufgabe 2:
Kam der Wind aus Nordosten, war er kalt und trocken.
Kam der Wind aus Südwesten, war er warm und feucht.

Aufgabe 3:
Sie orientierten sich am Verlauf der Sonne:
Im Osten geht die Sonne auf,
im Süden hält sie Mittagslauf,
im Westen will sie untergeh'n,
im Norden ist sie nie zu seh'n.

Aufgabe 4:
Kompass, elektronische See- und Landkarten, Navigationssysteme (Satellitennavigation), GPS, Handy etc.

Wie sah die Schrift der Wikinger aus? (S. 33)

Aufgabe 1: Mia = ᛘᛁᛆ Mats = ᛘᛆᛏᛋ

Aufgabe 3:
Es ist schwierig, heute mit dieser Schrift eine Nachricht zu verfassen, da man mit den 16 Runen nicht alle Laute unserer Sprache abbilden kann. Zudem gibt es keine 1:1-Zuordnung von Buchstabe und Rune.

Was ist ein Thing? (S. 34)

Aufgabe 1:
Richtig: Ein Thing fand immer unter freiem Himmel statt. Ein Gesetzessprecher eröffnete die Versammlung. Die getroffenen Entscheidungen und Gesetze galten immer für alle Wikinger. Auch Dorfgemeinschaften hielten Things ab.

Welche Götter verehrten die Wikinger 1/3 (S. 35)

Odin: Göttervater, 8-beiniges Pferd, 2 Raben, Vater von Thor
Thor: Donnergott, Hammer Mjölnir, Sohn von Odin und Jörd
Freya: Göttin der Liebe und Fruchtbarkeit, Katzenwagen, Schwester Freyr

Welche Spiele kannten die Wikinger? (S. 38)

Aufgabe 1:
Sie lebten am Wasser.

Aufgabe 2:
Zum Beispiel Eislaufen, spielerische Kämpfe im Schnee, Schlitten fahren mit selbst gebauten „Schlitten"

Ich bin Wikinger-Experte (S. 43)

Aufgabe 1:
a) Odin, b) Freya, c) Thor

Aufgabe 2:
Lösungswort: Thing

Aufgabe 4:
z. B. Erik der Rote und Leif Eriksson

Aufgabe 5:
Norwegen, Schweden, Dänemark

Kreuzworträtsel (S. 44)

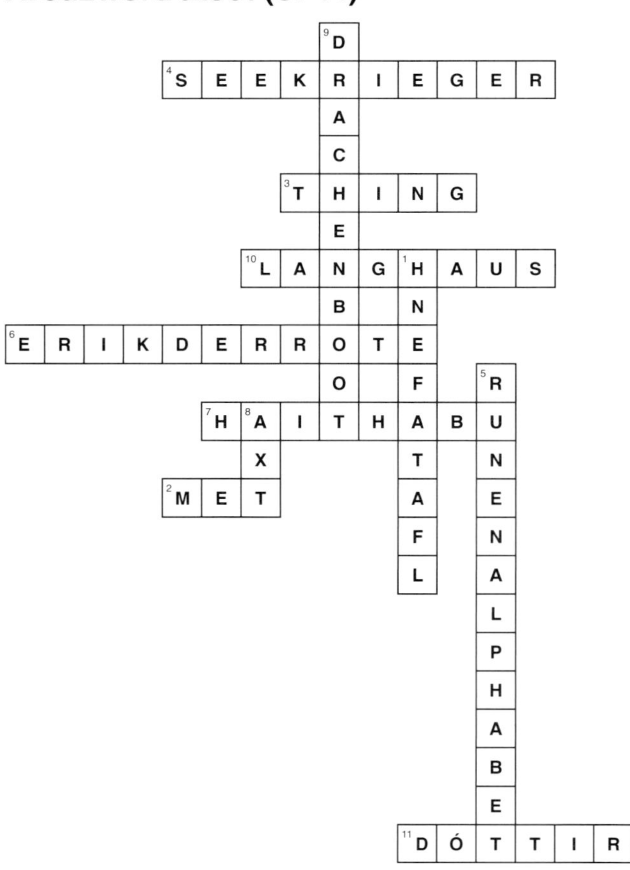

Arbeits-Pass

von: ....

Angebot	erledigt am:	kontrolliert oder vorgestellt am:

Das weiß ich schon, das will ich wissen

Du brauchst:

➔ Stifte
➔ Schere
➔ Klebstoff
➔ 1 großes Plakat mit „!"
➔ 1 großes Plakat mit „?"

So geht es:

1. Denke gut über das Thema Wikinger nach.
   Schreibe alles, was du schon weißt, in die Kästen mit dem „!".
   Schreibe alles, was du wissen möchtest, in die Kästen mit dem „?".
2. Schneide deine Kästchen aus und klebe sie auf die passenden Plakate.
3. Sprecht darüber.

!

!

?

?

© Verlag an der Ruhr | Autorinnen: Dominique Lurz, Barbara Scherrer | ISBN 978-3-8346-3104-6 | www.verlagruhr.de

Was bedeutet der Name „Wikinger"?

Die Wikinger lebten in der Zeit von circa 800 bis 1 100 nach Christus. Sie waren die Vorfahren der Skandinavier, der Menschen, die heute insbesondere in Norwegen, Schweden und Dänemark leben.

Der Name Wikinger kommt von **„vikingr"**. Dieses nordische Wort bedeutet so viel wie „Seekrieger" oder „Pirat".

Manchmal trugen sie auch den Namen „Normannen", was so viel bedeutet wie „Männer aus dem Norden".

Die Wikinger arbeiteten meistens als Bauern, Jäger, Fischer oder Handwerker. Sie sind als hervorragende Schiffbauer, Seeleute und Händler bekannt.
Doch oftmals brachte ihnen dieses „einfache" Leben nicht viel Geld ein, um ihre Familien zu versorgen. Und so kam es eben vor, dass die Nordmänner zu gefürchteten Plünderfahrten aufbrachen und Angst und Schrecken verbreiteten.

1. **Wann lebten die Wikinger?**
   Unterstreiche im Text mit blau.
2. **Woher kommt der Name „Wikinger"?**
   Welche Bedeutung hat der Name?
   Unterstreiche im Text mit rot.
3. **Welchen Berufen gingen die Wikinger meistens nach?**
   Kreise ein.

Metzger
Uhrmacher
Bauer
Schmied
Schuster
Nachtwächter
Dachdecker
Müller
Seemann
Handelsmann
Fischer
Jäger
Schiffbauer

4. **Welchen anderen Namen hatten die Wikinger?**
   Was bedeutet er? Schreibe auf.

....

....

Wann lebten die Wikinger?

1. **Bei vier Ereigniskästchen unten fehlen die Zeitangaben. Informiere dich in einem Lexikon oder im Internet, zu welcher Zeit die Ereignisse stattfanden. Trage die Zeiten ein.**
2. **Schneide die Ereigniskästchen aus und ordne sie dem Zahlenstrahl zu.**
3. **Klebe sie in die Platzhalter des Zahlenstrahls ein.**

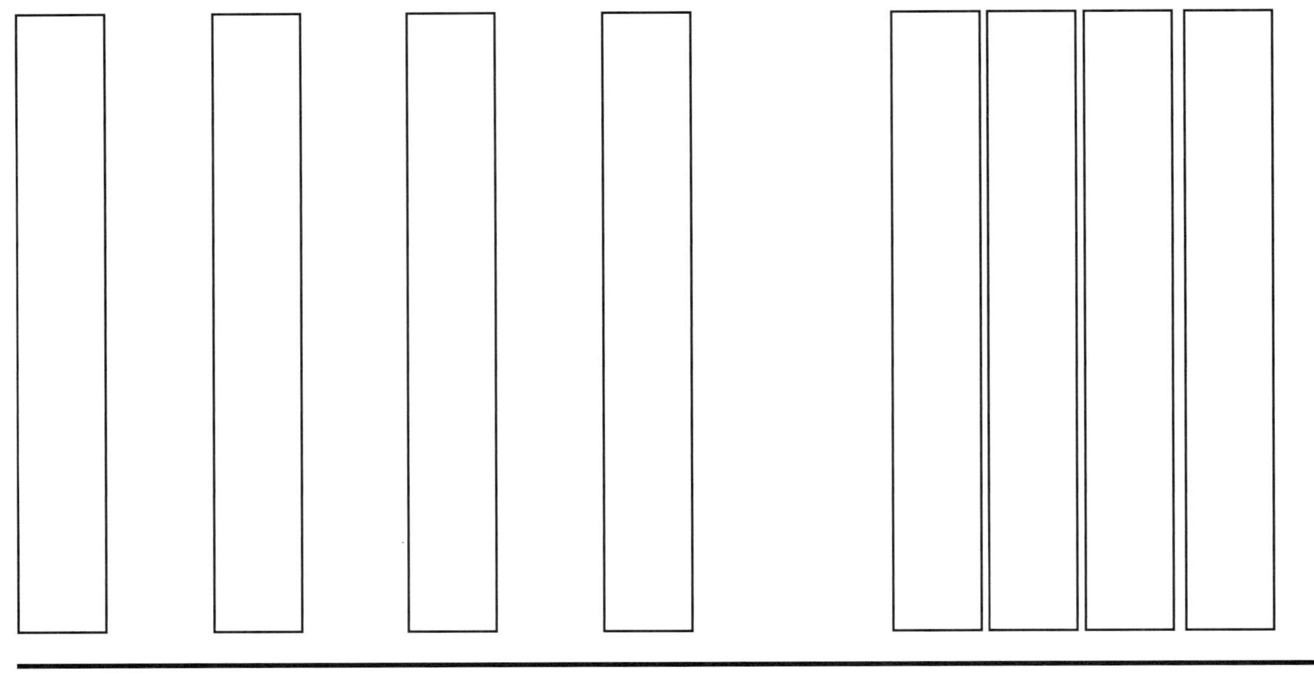

Gutenbergs Buchdruck (1450)	Beginn Wikingerzeit (..)
Erstes Automobil (1863)	Ende der Wikingerzeit (..)
Internet (1979)	Mozart (geboren ....)
Marco Polo (geboren 1254)	Mein Geburtsjahr (..)

Wo lebten die Wikinger?

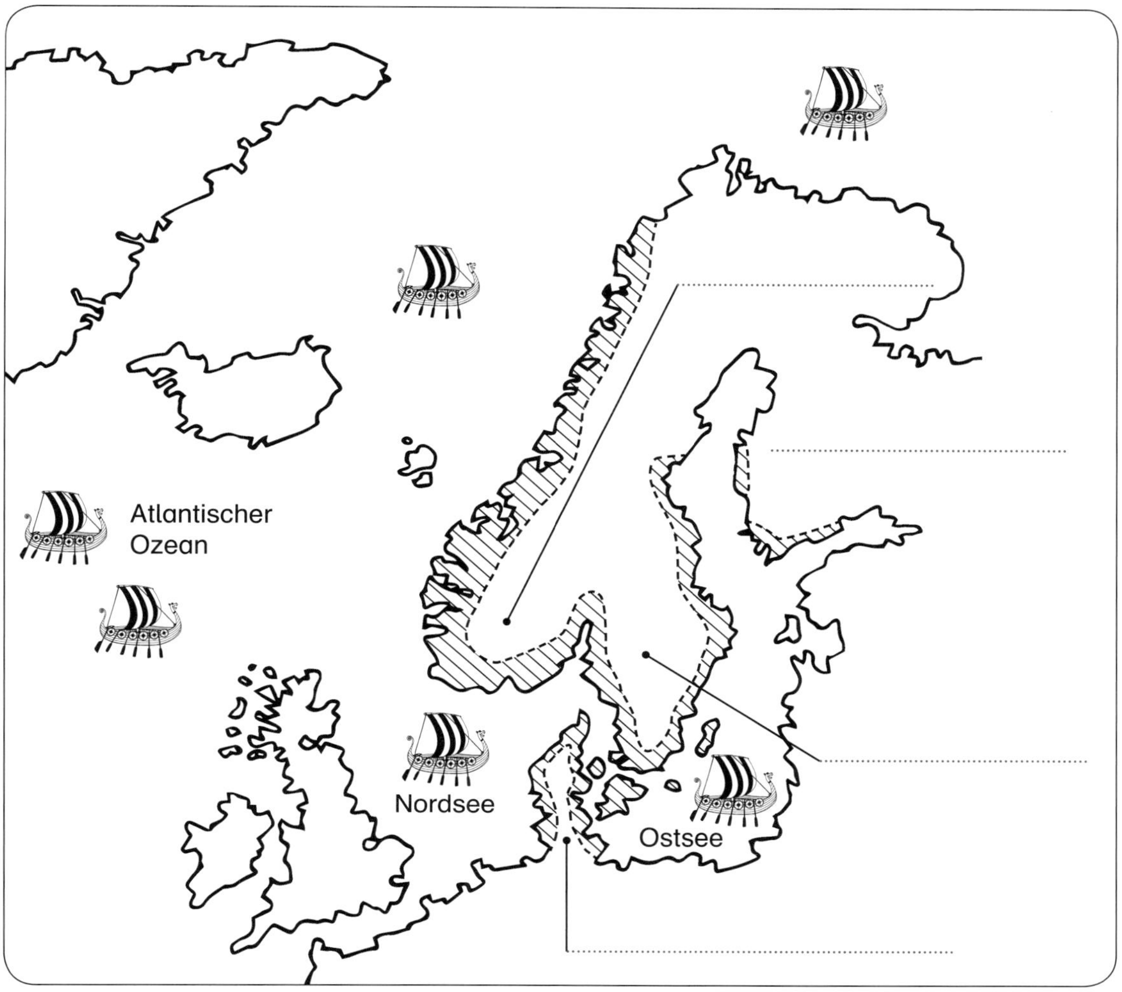

Atlantischer Ozean

Nordsee

Ostsee

1. **Malt die gestrichelten Flächen farbig an.**
   Hier lebten die Wikinger.
2. **Sucht die Länder auf einer Europa- oder Weltkarte.**
   Wie heißen die Länder? Beschriftet sie.
3. **Schaut euch die einzelnen Wikinger-Länder an.**
   Wo genau siedelten sich die Wikinger an?

....

....

4. **Vermutet, warum.**

....

....

Berühmte Wikinger (1/3)

Einige Wikingeranführer haben Großes geleistet und sind uns auch heute noch durch ihre Taten bekannt.
Viele denken, Amerika wurde im Jahr 1492 von Christoph Kolumbus entdeckt. Dies entspricht jedoch nicht der Wahrheit.
Die Wikinger waren früher dort!

Erik der Rote

Erik der Rote wurde 970 mit seinem Vater aus Norwegen wegen Totschlags verbannt. Sie nahmen alles mit, was sie tragen konnten und segelten nach Island. Erik der Rote war sehr streitsüchtig und wurde auch hier wegen Totschlags verurteilt und verbannt. Drei Jahre durfte er nicht wiederkommen. Im Jahre 982 verließ er mit 15 weiteren Männern und ein paar Sklaven Island, um den Nordatlantik zu erkunden. Sie fanden eine eisige Insel, Grönland. Dies bedeutet so viel wie „Grünes Land“. Dort fand er fruchtbares Siedlungsland. Es bekam den Namen „Eriksfjord“. Erik reiste zurück nach Island und berichtete von seiner Entdeckung. Ein Jahr darauf kam er mit seiner Familie und circa 500 weiteren Menschen auf 24 Schiffen zurück nach Grönland. Wirklich angekommen sind aber nur 14 Schiffe. Die Schiffe gingen unter oder wurden zurückgetrieben, da ein starker Sturm über das Meer zog. Erik der Rote gilt als der Entdecker Grönlands.

Bjarni Herjúlfsson

Der Händler Bjarni Herjúlfsson berichtete als erster Europäer von Nordamerika. Auf einer Fahrt von Island nach Grönland im Jahre 985 verlor er die Orientierung. Nebel und Sturm ließen ihn von seinem Kurs abkommen. Als sich der Nebel wieder lichtete, segelte er einer Sage nach noch einige Tage weiter.
Dabei entdeckte er bewaldete Hügel im Westen: Nordamerika. Betreten hat Bjarni Herjúlfsson dieses unbekannte Land allerdings nicht.

Berühmte Wikinger (2/3)

Leif Eriksson

Leif Eriksson war der Sohn von Erik dem Roten. Leif war fasziniert von dem unbekannten Land, von dem Bjarni Herjúlfsson berichtet hatte, und machte sich einige Jahre später auf die Suche danach. Leif betrat als erster Europäer Nordamerika. Von Grönland aus segelte Leif Richtung Südwesten und kam zunächst nach Labrador, das er „Waldland“ nannte. Anschließend erreichte er Neufundland in Nordamerika. Und das fast 500 Jahre vor Christoph Kolumbus! Eriksson war begeistert von der Natur dort: grünes Gras, dichte Ahorn- und Birkenwälder, riesige Fische in den Flüssen und viel guter Wein. So nannte Leif das Land „Vinland hit goda“, was so viel bedeutet wie „gutes Weinland“.

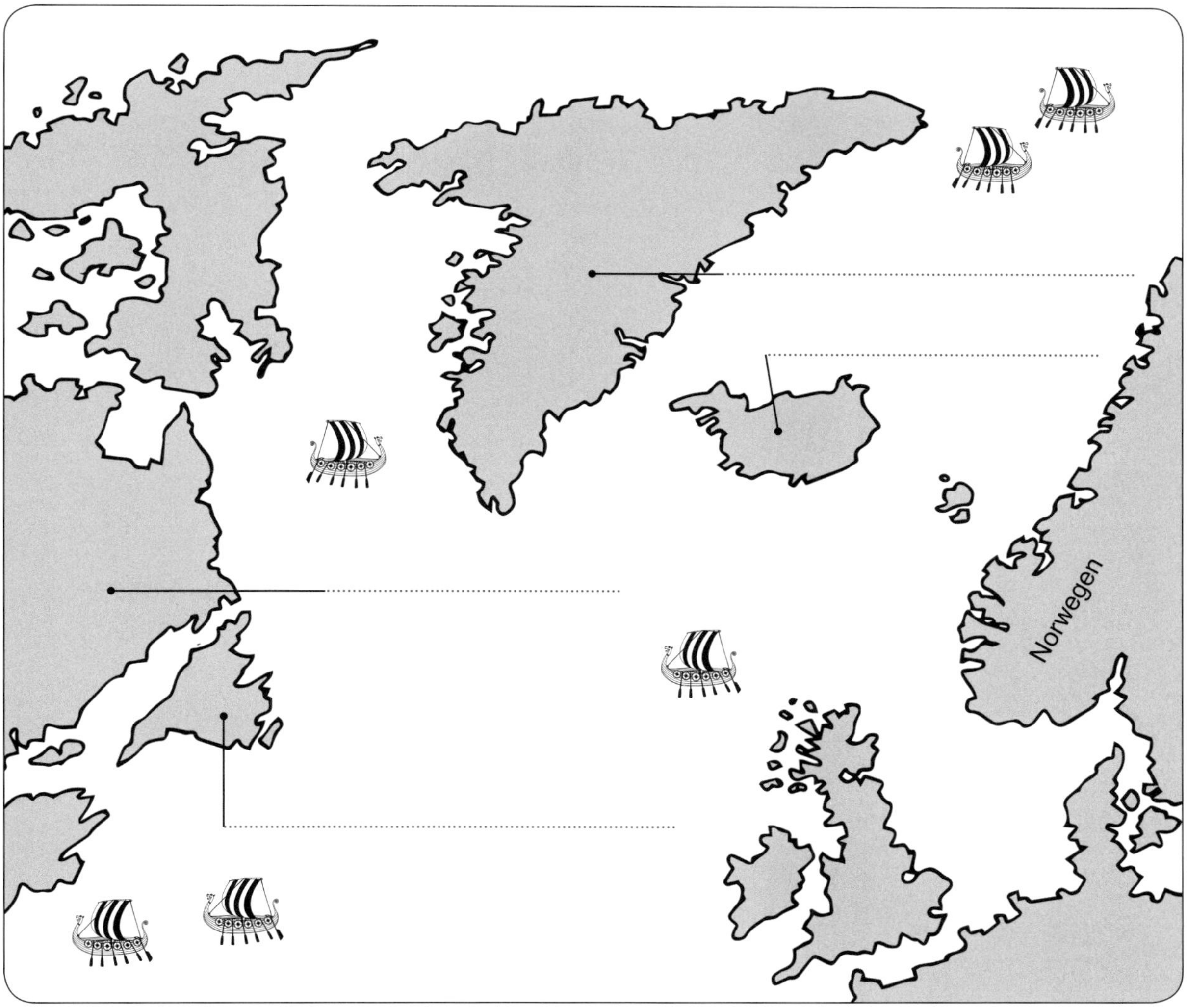

Norwegen

Berühmte Wikinger (3/3)

1. **Trage die Namen der Länder an den richtigen Stellen der Karte von S. 15 ein. Ein Atlas kann dir helfen.**

2. **Zeichne die Reiserouten in die Karte ein.**
   Erik der Rote: rot
   Leif Eriksson: blau
   Bjarne Herjúlfsson: schwarz

3. **Verbinde die Länder mit dem Namen, die die Wikinger den Ländern gegeben haben.**

Neufundland ●	● Waldland
Labrador ●	● Grünland
Grönland ●	● Weinland

4. **Tausche dich mit einem Partner aus und vervollständigt die Sätze.**

Leif Eriksson segelte …

....

....

....

Christoph Kolumbus war nicht …

....

....

....

Erik der Rote war …

....

....

....

Bjarne Herjúlfsson betrat …

....

....

....

....

Wie wohnten die Wikinger?

Oft lebten die Wikinger gemeinsam mit ihren Tieren in einem einzigen Haus. Die Wikingerhäuser waren meist sehr lang: Bis zu 30 Meter lang und zwischen 3 und 8 Metern breit. Dieses Haus wurde daher auch **Langhaus** genannt. Diese Häuser hatten keine Fenster, nur eine Öffnung im Giebel. Im waldreichen Norwegen baute man die Häuser ganz aus Holz, im baumarmen Dänemark verbaute man neben Holz auch Lehm. In baumlosen Gebieten bauten die Wikinger ihre Häuser aus Stein.

In der Mitte des Hauses gab es einen Hauptraum mit einer Feuerstelle, in dem sich das Familienleben abspielte. Diese Feuerstelle erhellte und erwärmte das Haus. Hier wurde gekocht, gegessen, gespielt und auch geschlafen.

Oft dienten die Holzbänke um den großen Tisch auch als Betten. Nur reiche Wikinger konnten es sich leisten, sich ein richtiges Bett bauen zu lassen.
In den Nebengebäuden wurden Arbeitsgeräte, Vorräte und Waffen aufbewahrt.

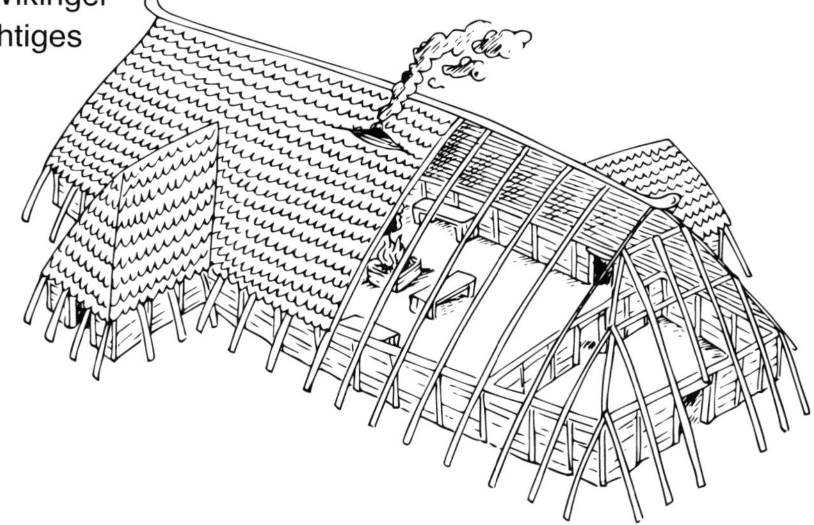

1. Richtig oder falsch?

Das Langhaus hatte viele Fenster.	◯ richtig	◯ falsch
Es gab nur einen großen Raum.	◯ richtig	◯ falsch
Jeder Wikinger hatte ein Bett.	◯ richtig	◯ falsch
Das Langhaus in Norwegen bestand aus Stein.	◯ richtig	◯ falsch

2. Verbinde die Satzteile richtig.

Die Feuerstelle ●	● war mit Stroh, Rasen, Schilf oder Holzschindeln gedeckt.
Das Dach ●	● bestand aus festgestampfter Erde.
Der Boden ●	● diente auch als Lichtquelle und Heizung.

Wie lebten die Wikingerkinder?

Eine Wikingerfamilie bestand aus mehreren Generationen (Großeltern, Eltern und Kinder). Sie hatten meist viele Kinder, wobei es oft passierte, dass einige früh starben. Der Vater, das Familienoberhaupt, gab seinen Kindern einen Namen. Der zukünftige Name des Kindes bestand aus einem Rufnamen und einem Nachnamen. Der Nachname ergab sich aus dem Rufnamen des Vaters mit dem Zusatz **„-son“** bei Söhnen und dem Zusatz **“-dóttir“** bei Töchtern.

Zur Zeit der Wikinger gab es noch keine Schulen. Gelernt wurde von klein auf insbesondere durch Nachahmen. Einige Wikingerkinder wurden zu Ammen, andere zu reichen Freunden der Familie geschickt. Bildung war lediglich den Kindern aus reichen Familien vorbehalten.

Die Ausbildung der Jungen war körperlich sehr anstrengend. Sie lernten, mit Waffen umzugehen, Häuser und Schiffe zu bauen, das Jagen und Reiten sowie das Bepflanzen von Äckern.

Mädchen kümmerten sich mit ihren Müttern um den Haushalt und erlernten das Spinnen, Weben und Nähen zur Herstellung von Kleidung und sogar von Schiffssegeln. Das Bierbrauen, die Stallarbeit und auch das Häuten von Tieren gehörten zu ihren Aufgaben.

1. Ein Wikingervater hat einen Sohn und eine Tochter. Er heißt Olaf Ketil. Wie heißen seine Kinder Aki und Frida?

....

2. Vergleiche das Leben eines Wikingerkindes mit deinem Leben. Erstelle eine Tabelle im Heft.

So lebte ein Wikingerkind	So lebe ich heute

Wie lebten die Wikingerfrauen?

Die Frauen der Wikinger waren vor allem für den Haushalt zuständig. Sie gingen nicht gemeinsam mit den Männern auf Reisen, sondern blieben zu Hause. Dort sponnen sie Garn, fertigten die Kleidung an, bereiteten die Mahlzeiten zu, kümmerten sich um den Stall und um die Erziehung der Kinder. Entscheidungen im Haus oder auf dem Hofe wurden stets von den Frauen getroffen. Dazu sagte man, dass sie „diesseits der Türschwelle" bestimmten. Sie trugen immer einen Schlüssel für die Truhen bei sich, in denen alles Wertvolle und auch Vorräte aufgehoben wurde.

Das Oberhaupt war jedoch immer der Mann. Die Frau nahm eine untergeordnete Rolle ein. Sie musste dem Vater, dem Bruder oder dem Ehemann gehorchen. Nur in Abwesenheit des Ehemannes nahm die Frau die Rolle des Familienoberhauptes ein, um die Familientraditionen aufrechtzuhalten. Dann bestimmte sie auch „jenseits der Türschwelle".

Die Frauen der Wikingeranführer waren sehr angesehen. Ihren Mann konnten sich die Wikingerfrauen nicht selbst auswählen. Diese Entscheidung traf die Familie für sie, indem sie einen Vertrag mit der Familie des Auserwählten schloss.
Ein Mädchen konnte bereits mit 12 Jahren heiraten. Normalerweise waren sie aber mit circa 15 Jahren im richtigen Heiratsalter.

1. Welche Aufgaben hatten die Frauen? Unterstreicht im Text.

2. Welche Aufgaben gibt es auch heute noch in einer Familie?

....

....

....

3. Wer erledigt diese Aufgaben in euren Familien?

....

....

4. Was wäre für euch heutzutage unvorstellbar? Sprecht auch in der Gruppe darüber.

Welche Kleidung trugen Wikinger?

1. Ordne die Kleidungsstücke und Waffen dem Bild zu.

Kettenhemd	Rundschild	Speer	Helm mit Wangenschutz
Stiefel	Pfeil und Bogen	Kniehose	Tunika

2. Hatten Wikingerhelme Hörner oder nicht?
Recherchiere in Büchern oder im Internet. Kreuze an.

◯ **Ja**, die Helme hatten Hörner.

◯ **Nein**, die Helme hatten keine Hörner.

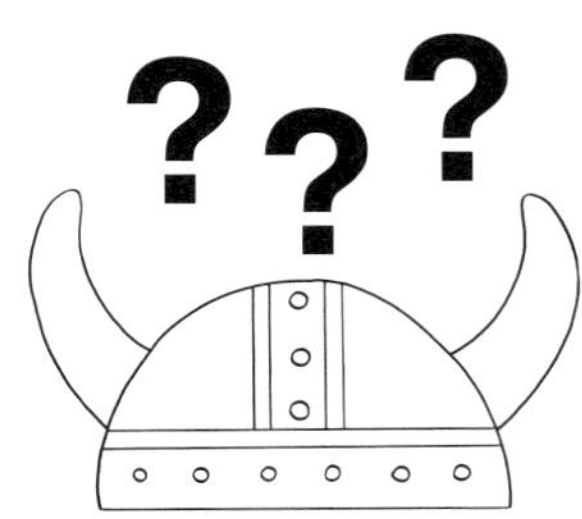

Die Wikinger-Küche

Getreide war für die Wikinger das wichtigste Grundnahrungsmittel.

Im Sommer sammelten sie Beeren, Nüsse und Honig und machten selbst Käse, um den Brei und das selbst gebackene Brot damit zu essen. Selbst angepflanzter Kohl, Erbsen, Bohnen und Kresse gab es meist im späten Sommer und Herbst. Selbst gefangenen Fisch und Fleisch gab es auch hin und wieder.

Im Winter war das Essen der Wikinger meist sehr eintönig. Nach einem verregneten Sommer mit wenig Sonne litten die Wikinger oft Hunger.

Zum Trinken gab es meist Gänsewein (Wasser), aber wichtiger war den Wikingern, dass der Met (süßer Honigwein) nicht ausging. Manchmal brauten die Wikinger sich auch selbst Bier.

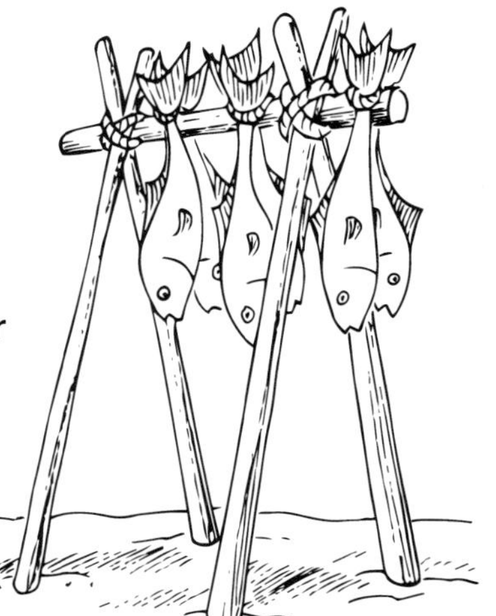

1. Warum litten die Wikinger im Winter oft an Hunger?

....

....

2. Erstelle einen Speiseplan der Wikinger auf einem Blatt.

Der Speiseplan der Wikinger

3. Die Wikinger hatten beim Essen keine große Auswahl. Umso wichtiger war es, die Essensvorräte haltbar zu machen, damit sie möglichst lange essbar blieben. Verbinde, wie die Lebensmittel haltbar gemacht wurden.

Fisch ●	
Fleisch ●	● zu Käse, Quark oder Butter verarbeiten
Äpfel ●	● trocknen
Beeren ●	● räuchern
Milch ●	● salzen
Erbsen ●	● an der Luft trocknen
Bohnen ●	

Fladenbrot backen

Das Fladenbrot war eines der wichtigsten Grundnahrungsmittel der Wikinger. Es war auch damals schon recht einfach, schnell und aus wenigen Zutaten herzustellen.

Die Wikinger verwendeten für ihr Fladenbrot nur Mehl, Wasser und etwas Salz. Zu einem Teig verknetet kam es auf einer Art Pizzaschieber über das offene Feuer. Diesen Schieber nannte man Brateisen.

Zutaten für ca. 8 Brote:

➔ 450 g Roggenmehl
➔ 1 Teelöffel Meersalz
➔ 50 g Butter
➔ 20 g frische Hefe
➔ 275 ml lauwarmes Wasser
➔ 75 g Weizenkleie
➔ große Schüssel
➔ Nudelholz
➔ Rührgerät mit Knethaken
➔ Backblech(e)
➔ Backpapier

So geht es:

1. Heizt den Backofen auf 180 °C vor.
2. Vermischt alle Zutaten in einer großen Schüssel.
3. Rührt den Teig kräftig, bis ein fester Teig entsteht.
4. Nehmt nun immer eine kleine Portion Teig und rollt sie mit dem Nudelholz aus.
5. Legt das Backpapier auf das Backblech.
6. Legt den ausgerollten Fladen auf das Backblech.
7. Schiebt die Fladen der Reihe nach für 8 bis 10 Minuten in den Backofen.

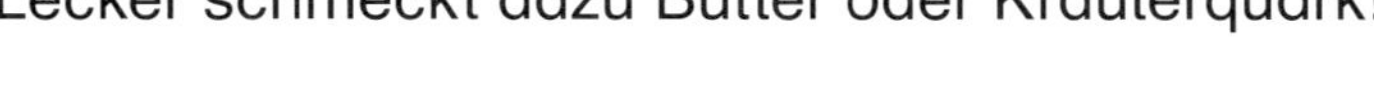

Lecker schmeckt dazu Butter oder Kräuterquark!

Die Waffen der Wikinger

Die Wikinger waren berüchtigte Krieger. Die beliebtesten Waffen unter den Wikingern waren Speere und Äxte. Nur sehr reiche Wikinger konnten sich eine große Ausrüstung mit Schwertern und einem Schild zur Verteidigung leisten. Ärmere Wikinger trugen zum Schutz nur schwere Lederhelme und Leder- oder Fellwesten. Wohlhabende Wikinger, Könige oder Häuptlinge dagegen trugen Eisenhelme und Kettenhemden.

A Auch Pfeil und Bogen kamen zum Einsatz. Wikinger beherrschten diese Waffe sehr gut, da sie sie schon von Kind an benutzten.

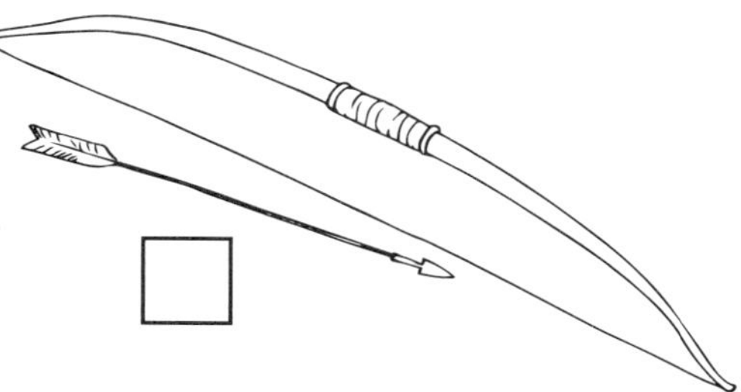

B Ihr Kopf wurde von einem Helm geschützt. Es gab einfache Lederhelme oder Helme aus Metall. Metallhelme schützten auch Augen und Nase.

C Die Axt war für die Wikinger die wichtigste und oft auch die einzige Waffe. Damit ihre Axt zu etwas Besonderem wurde, verzierten die Wikinger sie häufig.

D Der wertvollste Waffenbesitz eines Wikingers war jedoch sein Schwert. Nicht jeder Wikinger hatte eines. Sie wurden auch mit Gold und Silber verziert und bekamen Namen wie „Beinbeißer", „Goldgriff" oder „Schläger".

1. Lies die Texte.

2. Ordne die Texte der richtigen Waffe zu.

3. Hatten die Wikinger noch andere Waffen? Recherchiere in Büchern oder im Internet.

Der Wikingerüberfall (1/2)

Die Wikingerüberfälle wurden von vielen Menschen gefürchtet. Vor allem, da die Wikinger es häufig schafften, überraschend und fast unbemerkt mit ihren lang und flach geschnittenen Kriegsschiffen dicht an den Strand heranzufahren.

Vor allem Klöster und Kirchen lebten in ständiger Angst, von den Wikingern überfallen zu werden.

1. Warum suchten sich die Wikinger vor meistens Kirchen und Klöster als Angriffsziel aus? Streiche falsche Wörter in den Sätzen.

Am In Klöstern bei und Kirchen fanden die Wikinger keine wertvolle Schätze und Heiligtümer.

Die Mönche waren überlegen überrascht und auch rechneten nicht mit von einem Angriff von See Land her.

2. Bringe den Wikingerüberfall in die richtige Reihenfolge, indem du sie nummerierst.

- ☐ Alle Kostbarkeiten einpacken und mitnehmen.
- ☐ An Land stürmen und den Ort umzingeln.
- ☐ Häuser anzünden, um Zeit zu gewinnen.
- 1. Das Schiff startklar machen und sich einen Ort für den nächsten Raubzug aussuchen.
- ☐ Und schnell davon.
- ☐ Die Dorfbewohner gefangen nehmen und einsperren.
- ☐ Unbemerkt in die Nähe des Ziels segeln und einen Überraschungsangriff starten.
- ☐ Sich mit dem Schiff auf die Reise begeben.

Der Wikingerüberfall (2/2)

Die gefürchteten Wikingerüberfälle fanden nicht überall in Europa statt. Schau dir die eingezeichneten Wikingerüberfälle auf der Karte genau an.

Die Punkte auf der Karte zeigen die Orte an, an denen es Wikingerüberfälle gab.

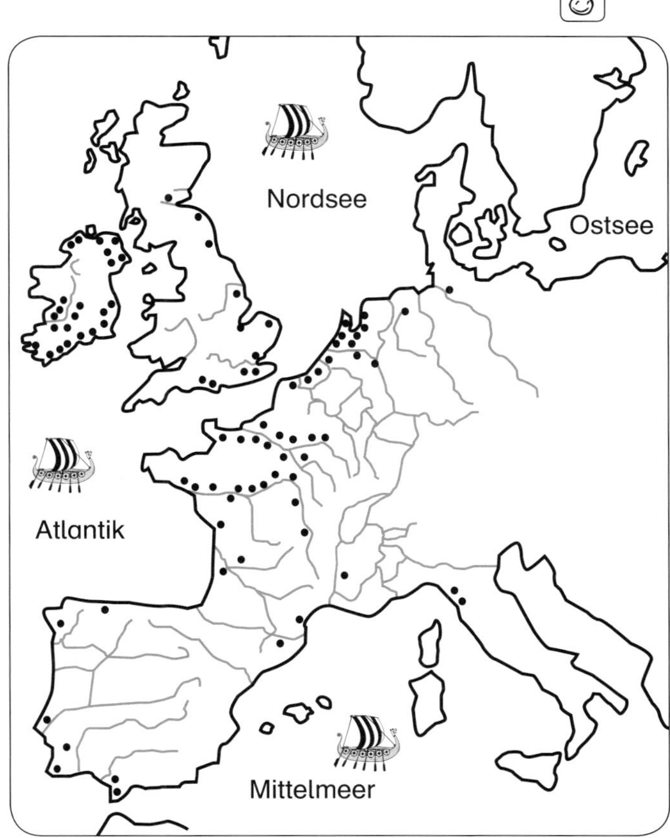

3. Färbe die gepunkteten Gebiete gelb ein.

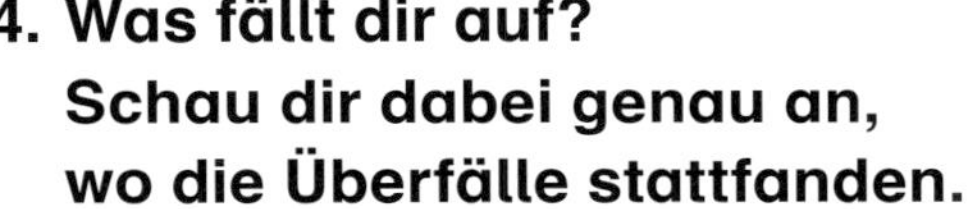

4. Was fällt dir auf? Schau dir dabei genau an, wo die Überfälle stattfanden.

....

....

....

Obwohl es bereits schon früher Raubzüge der Wikinger gab, gelten ein Datum und ein Ort als sehr bedeutsam für den Beginn der Wikingerzeit:

Am Morgen des **8. Juni 793** entdeckten Mönche vor der englischen Küste des Inselklosters St. Cuthbert auf **Lindisfarne** lang gestreckte Boote mit angsteinflößenden Drachen- und Schlangenköpfen am Bug, die sehr schnell auf die Küste zukamen. Mit Äxten und Schwertern bewaffnete Männer sprangen von den Schiffen und eilten auf das Kloster zu. Sie schlugen um sich, überfielen die Bewohner der Insel und töteten sie.

Sie plünderten die Kirche und das Kloster, raubten Gold, Edelsteine, Kreuze, Kelche und noch vieles mehr und steckten die Klosteranlage in Brand.

Die Wikinger-Stadt Haithabu (1/2)

Infotext

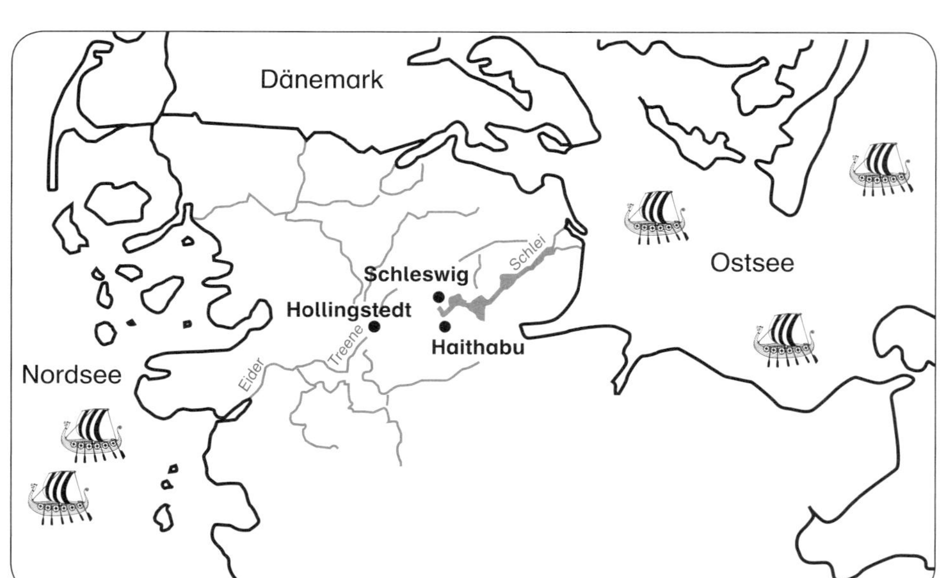

Haithabu lag auf der Jütischen Halbinsel, einer Halbinsel zwischen Ost- und Nordsee im heutigen Schleswig-Holstein (Norddeutschland).

Die Stadt entstand um circa 725, an der Kreuzung der wichtigsten Handelswege der Wikinger. Von der Ostsee aus gelangten die Wikinger über die Schlei direkt in die Stadt. Von der Nordsee aus konnte man nicht direkt zur Stadt fahren. Man musste über die Flussläufe der Eider und Treene bis nach Hollingstedt. Hollingstedt war der Nordseehafen der Stadt. Von dort aus mussten die Wikinger zu Fuß und mit Karren Richtung Osten bis ins 16 Kilometer entfernte Haithabu. Für diese Strecke gab es extra Fuhrleute, deren Beruf es war, die Waren vom Hafen in die Stadt zu transportieren. Hölzerne **Landebrücken** ragten bereits bis zu 80 Metern in das Meer. Das gab es zu dieser Zeit nur hier. Eine Verteidigungsanlage auf der Schleswiger Landenge wurde über mehrere Jahrhunderte immer weiter aufgebaut. Es wird das **Danewerk** genannt. Diese 17 Kilometer lange Grenzbefestigung zwischen Deutschland und Dänemark bestand bis ins 19. Jahrhundert. Zum Schutz vor Angriffen wurde im Süden ein circa zehn Meter hoher Wall aus Erde um Haithabu aufgeschüttet. Durch diesen Wall wurde Haithabu an das Danewerk angeschlossen. Der Weg in die Stadt war nur durch zwei Tore möglich. Trotz dieses Schutzes wurde die Stadt häufig angegriffen und im 11. Jahrhundert sogar zerstört.

Die wichtigsten Handelsgüter waren Pelze, Honig, Gewürze, Öle, Färbemittel für Stoffe und Sklaven.

Die Wikinger-Stadt Haithabu (2/2)

1. Lest den Infotext.
2. Wo liegt Haithabu?

....

3. Wie kamen die Leute nach Haithabu?

....

....

....

....

4. Was gab es zu dieser Zeit nur in Haithabu? Unterstreicht rot im Text.
5. Was ist das Danewerk?

....

....

....

6. Unterstreicht die wichtigsten Handelsgüter blau im Text.
7. Was denkt ihr? Warum war die Stadt Haithabu für die Wikinger so wichtig? Macht euch Stichpunkte.

....

....

....

8. Die Stadt Haithabu wurde auch Wassermarktplatz genannt. Besprecht und schreibt, warum sie diesen Namen bekommen hat.

Platz für eure Notizen

....

....

....

....

Wie sahen die Wikinger-Schiffe aus? (1/2)

Infotext

Die Wikinger waren meisterhafte Seefahrer und Schiffbauer.

Ihre Boote waren für die damalige Zeit so raffiniert gebaut, dass die Wikinger scheinbar wie aus dem Nichts an den Küsten auftauchten. Dort gingen sie an Land, überfielen die Bewohner, steckten oft Häuser in Brand und traten blitzschnell wieder den Rückzug an. Viele Archäologen (Geschichtsforscher) haben in Skandinavien alte Schiffe oder Schiffsteile aus der Wikingerzeit gefunden. Daher kann man heute auch relativ genau sagen, wie die Wikinger-Schiffe damals aussahen.

Die wohl bekanntesten Schiffe waren die Langschiffe, auch **Drachenboote** genannt. Dies waren schnelle, wendige Kriegsschiffe, die für die Plünderfahrten und Raubzüge der Wikinger gedacht waren.

Die hohen Seitenwände schützten die Besatzung. Fortbewegt wurde das Langschiff je nach Größe von etwa 13 bis 60 Ruderern. Den Bug des Drachenbootes schmückten die Wikinger häufig mit furchterregenden Drachen-, Stier- oder auch Schlangenköpfen. Ziel dieser Köpfe war es, Feinde abzuschrecken und die Wikinger vor bösen Seegeistern zu beschützen.

Für kürzere Reisen bauten die Wikinger eher kleinere, leichte Boote. Für längere Reisen bauten sie große Boote mit großen Schiffsrümpfen, die **„Knorr-Boote“**. Diese breiteren Schiffe nutzten die Wikinger hauptsächlich als „Handelsschiffe“, um Waren über die Meere zu transportieren oder Siedler zu befördern. Das Knorr wurde hauptsächlich von einem Segel angetrieben. Nachteile dieser Schiffart waren, dass das Knorr-Boot langsam war und der Schiffsbesatzung und den geladenen Waren kaum Schutz bot.

Alle Wikingerschiffe wurden so gebaut, dass Heck und Bug symmetrisch geformt waren. Der Rumpf des Bootes bestand aus langen Holzplanken, die mit Eisennieten überlappend befestigt wurden (wie Dachziegel).

Die Schiffe wurden meist aus Eichenholz gebaut, aber auch Eschen- oder Kiefernholz verwendeten die Wikinger. Geteertes Tierhaar machte die Fugen der Planken wasserdicht. Als Mast nahmen sie meist gerade, hochgewachsene Bäume (zum Beispiel Kiefern).

Wie sahen die Wikinger-Schiffe aus? (2/2)

Langschiff

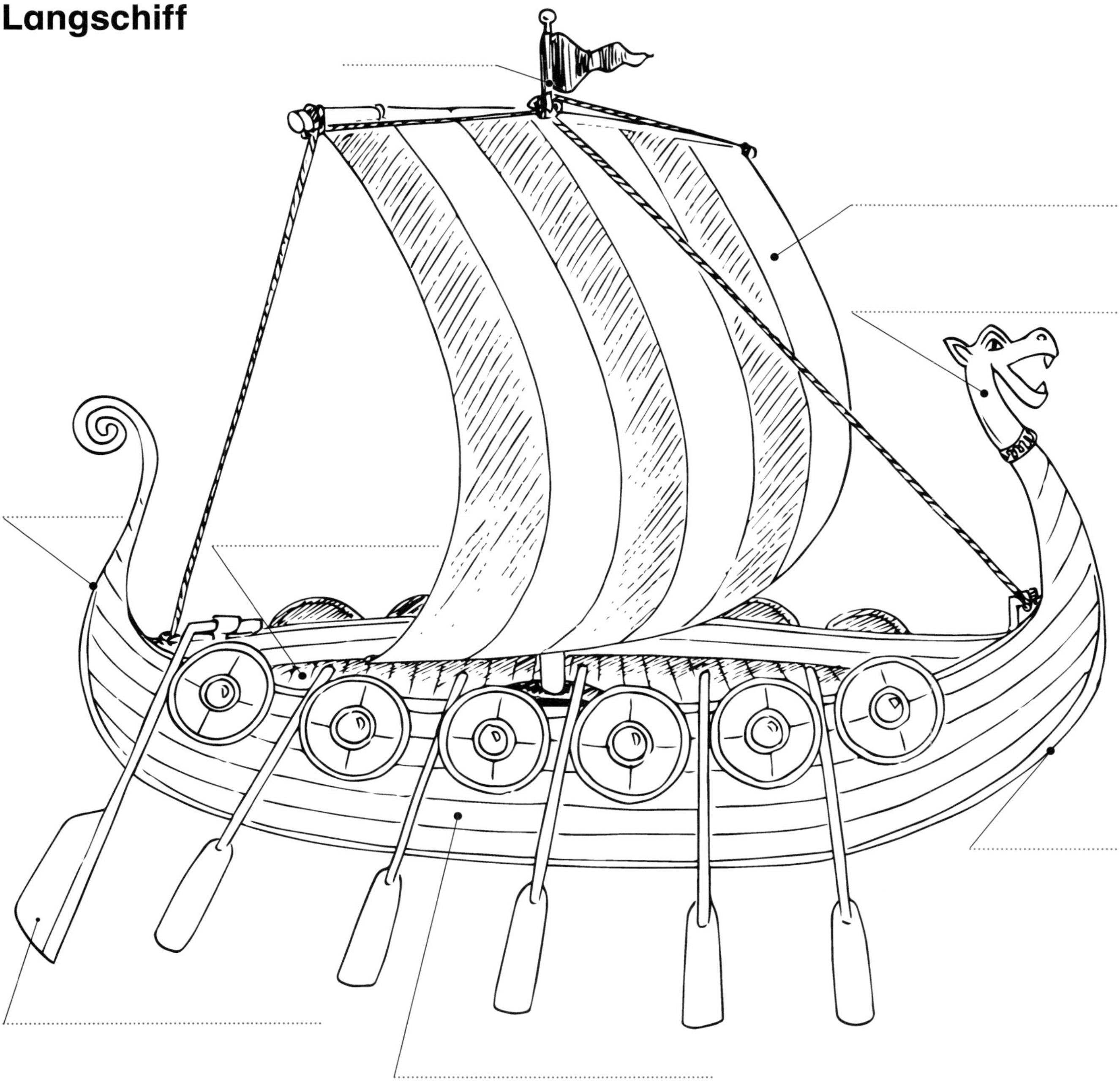

1. **Lies den Infotext.**
2. **Beschrifte das Langschiff mit diesen Wörtern.**

Mast	Drachenkopf	Segel	Bug
Steuerruder	Seitenwand	Heck	Holzplanken

3. **Verziere die Schilde des Schiffes.**
4. **Gestalte selbst eine „Galionsfigur", das heißt einen Drachen- oder Schlangenkopf, auf einem leeren Blatt.**

Ein Wikinger-Schiff bauen

Du brauchst:

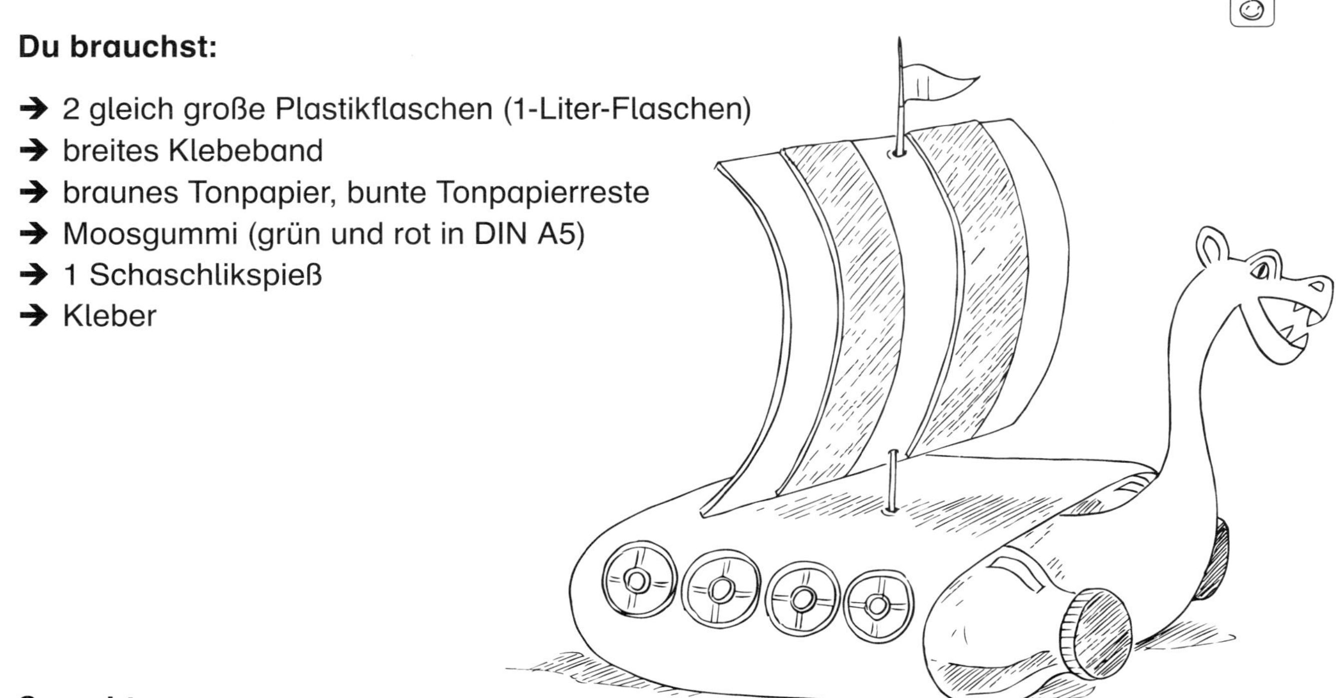

- ➔ 2 gleich große Plastikflaschen (1-Liter-Flaschen)
- ➔ breites Klebeband
- ➔ braunes Tonpapier, bunte Tonpapierreste
- ➔ Moosgummi (grün und rot in DIN A5)
- ➔ 1 Schaschlikspieß
- ➔ Kleber

So geht es:

1. Lege die beiden Plastikflaschen nebeneinander. Umklebe sie mit Klebeband.
2. Klebe das braune Tonpapier einmal um die beiden Flaschen herum. Nun ist der Bootsrumpf fertig.
3. Schneide aus dem grünen Moosgummi linealbreite Streifen.
4. Klebe die Streifen auf den roten Moosgummi. Aus dem grünen Moosgummi kannst du noch einen Wimpel für die Mastspitze ausschneiden.
5. Steche nun den Schaschlikspieß an zwei Stellen durch dein Segel. Stecke es durch das Klebeband in den Bootsrumpf. Nun hast du dein Segel.
6. Male auf einem Tonpapier einen Drachenkopf mit langem Hals. Schneide ihn anschließend aus.
7. Den Drachenkopf steckst du nun zwischen die beiden Flaschenköpfe. Sollte er nicht halten, kannst du ihn mit Klebeband festkleben.
8. Aus bunten Tonpapierresten kannst du dir noch Schilde mit Symbolen oder Wikingerzeichen für die beiden Seiten deines Schiffsrumpfes basteln.

Fertig ist dein Wikinger-Schiff!

Wie orientierten sich Wikinger auf See?

Kaum jemand traute sich im Frühmittelalter auf das weite Meer hinaus. Seekarten und Kompass gab es zu dieser Zeit noch nicht. Trotzdem fuhren die Wikinger zur See. Wenn es möglich war, behielten sie die Küste immer im Blick, um die Orientierung nicht zu verlieren. Doch manchmal war es den Wikingern nicht möglich, sich an der Küste zu orientieren. Vor allem dann, wenn sie sich auf weite Reise begaben. Sie fuhren bis nach Island und Grönland und sahen oft tagelang kein Festland. Auf solchen Reisen orientierten sich die Wikinger mithilfe der Sterne, dem Mond und der Sonne.

Bei Wolken und Nebel half den Wikingern ein sogenannter „Sonnenstein“. Dieser Stein brach das Tageslicht so, dass die Wikinger den ungefähren Stand der Sonne ermitteln konnten. Auch mithilfe der Meeresströmungen, Seevögel und Fische fanden die Wikinger ihren Weg. Leif Eriksson vertraute bei der Seefahrt vor allem auf den Wind. Wenn er aus Nordosten kam, fühlte er sich kalt und trocken an. Kam er aus dem Südwesten dagegen eher warm und feucht.

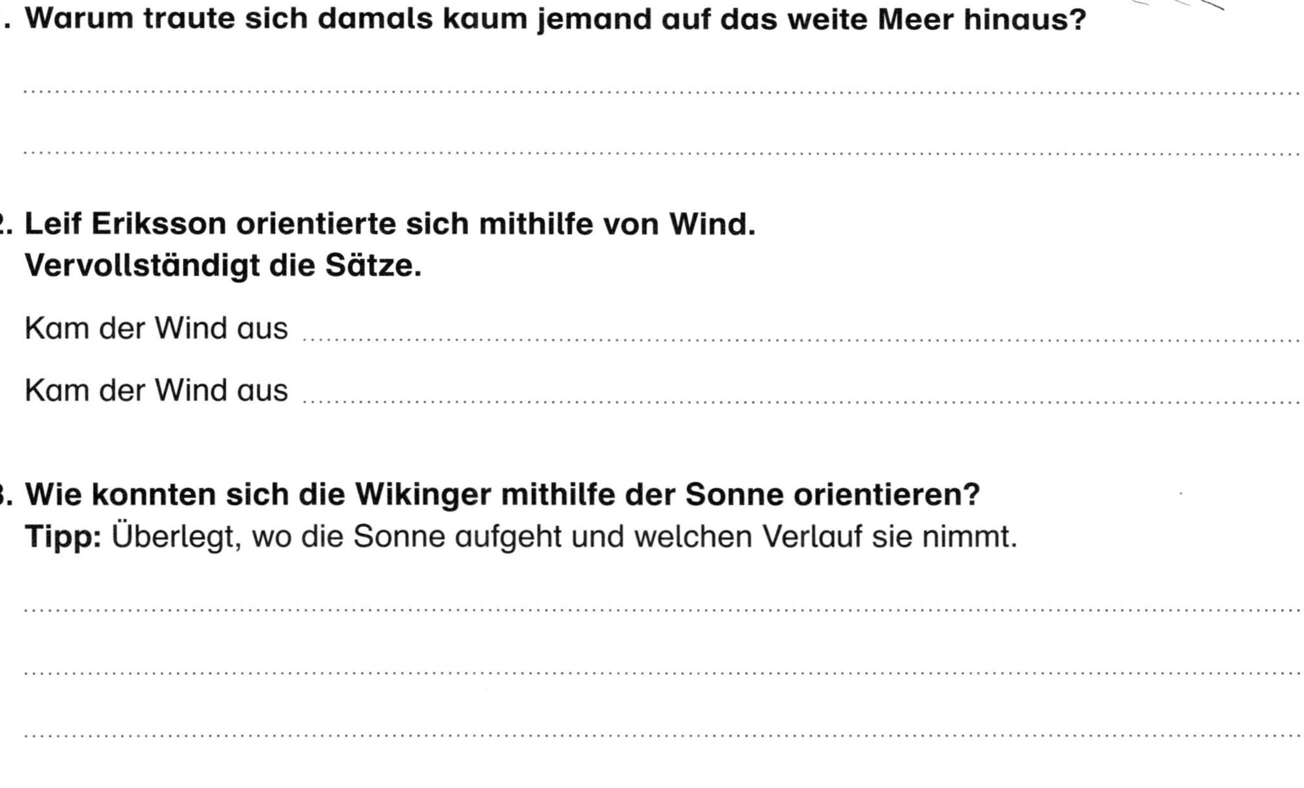

1. Warum traute sich damals kaum jemand auf das weite Meer hinaus?

....

....

2. Leif Eriksson orientierte sich mithilfe von Wind. Vervollständigt die Sätze.

Kam der Wind aus ....

Kam der Wind aus ....

3. Wie konnten sich die Wikinger mithilfe der Sonne orientieren?
Tipp: Überlegt, wo die Sonne aufgeht und welchen Verlauf sie nimmt.

....

....

....

....

4. Womit orientieren sich die Menschen heute? Schreibt auf die Rückseite.

Womit handelten die Wikinger?

Da das Schiff das beliebteste Transportmittel der Wikinger war, war vor allem an den **Landungsbrücken** viel los. Die Handelswege über Land waren meist in einem sehr schlechten Zustand. Also transportierten die Wikinger ihre Waren über die Wasserwege. Die Schiffe legten an den Landungsbrücken an. Die Fernhändler, die auf den Schiffen mitfuhren, verkauften dort ihre Waren direkt weiter.

Verkauft wurde eigentlich alles, was man transportieren konnte. Gehandelt wurde mit Pelzen und Leder, Wachs, Salz, Honig, Bernstein, Walrosszähnen, Federn und Daunen, Eisen, Keramik, Wetzsteinen, Glas, Stoffen, Specksteinen, Met und Wein, Gewürzen und Ölen …

Da die Wikinger auf ihren Raubzügen auch viele Gefangene nahmen, wurden diese als Sklaven verkauft. Sklaven mussten für andere arbeiten, auch wenn sie das nicht wollten.

In fremden Ländern kauften die Wikinger Seide aus China, exotische Gewürze, Edelsteine vom Schwarzen Meer, Schmuck aus Irland, Gläser und Krüge aus dem Rheinland und Specksteine aus Norwegen. Die Schwertklingen holten sich die Wikinger extra aus dem Frankenreich.

Die Wikinger waren sehr gute Handwerker und verarbeiteten die Rohstoffe weiter. Sie fertigten Kämme, Nadeln, Spielsteine und vieles mehr.

Bezahlt wurde mit Silber. Dieses wurde abgewogen. Es bekam oft den Namen Hacksilber, da Münzen, Schmuck oder Silberbarren zerteilt wurden.

Beantworte im Heft:

1. **Warum war an den Landungsbrücken der Handel am größten?**
2. **Womit handelten die Wikinger?**
   Lege eine Tabelle an:

Dinge von Tieren	restliche Dinge

3. **Warum wurde das Silber auch oft Hacksilber genannt?**

© Verlag an der Ruhr | Autorinnen: Dominique Lurz, Barbara Scherrer | ISBN 978-3-8346-3104-6 | www.verlagruhr.de

Wie sah die Schrift der Wikinger aus?

Die Wikinger hatten eine eigene Schrift, um sich zu verständigen. Die sogenannten **Runen**. Das Runenalphabet bestand aus 16 Zeichen. Seinen Namen bekam es von seinen ersten sechs Schriftzeichen: **„Futhark“**.
Jede Rune kann für ein Wort oder einen Laut stehen. Die erste Rune hat zum Beispiel den Namen „fehu“ (Vieh) und steht für den Laut „f“.

Die Zeichen bestanden meist aus senkrechten oder schrägen Linien. Sie wurden mit Hammer und Meißel in Stein geschlagen. Hierfür gab es keine festgelegte Schreibrichtung. Die Buchstaben konnten sogar auf dem Kopf stehen. Daher ist es heute für uns schwierig, Runentexte zu entschlüsseln.

1. Schreibe die Namen „Mia“ und „Mats“ mit der Runenschrift.

....

2. Versuche, deinen Mitschülern eine Nachricht mit den Runen zu schreiben. Können sie die Nachricht entschlüsseln?

3. Begründe: Weshalb ist es für uns heute schwierig, Nachrichten mit dieser Schrift zu verfassen?

....

....

....

....

Was ist ein Thing?

Ein Thing ist eine Versammlung der Wikinger, bei der ein- bis zweimal im Monat Gesetze für ein Siedlungsgebiet beschlossen und Strafen festgelegt wurden. Sie fanden unter freiem Himmel statt. Alle freien Wikingermänner mussten dann erscheinen und jeder hatte das Recht, zu sprechen.

Es gab einen Gesetzessprecher, der das Thing eröffnete. Er sagte alle geltenden Gesetze der Wikinger auswendig auf. Die meiste Zeit benötigte das Thing für Gerichtsverfahren, also das Lösen verschiedener Streitigkeiten unter den Wikingern. Zum Beispiel, wenn ein Bauer seine Kühe auf der Weide eines anderen Bauern weiden ließ. Gesetze, die hier festgelegt wurden, galten dann für alle Wikinger.

Auf den Things der Dorfgemeinschaften wurden auch Raubzüge geplant. Sie wurden je nach Bedarf einberufen. Auch diese Versammlungen fanden immer unter freiem Himmel statt. Im Sommer fand einmal im Jahr in Island das sogenannte **Althing** statt. Das Althing dauerte zwei Wochen und wird auch das erste Parlament der Welt genannt.

1. Richtig oder falsch? Kreuze nur die richtigen Sätze an.

- ◯ Unter einem Thing versteht man eine Versammlung der Wikingerfrauen.
- ◯ Ein Thing fand immer unter freiem Himmel statt.
- ◯ Das Althing fand im Herbst in Island statt.
- ◯ Ein Gesetzessprecher eröffnete die Versammlung.
- ◯ Für Gerichtsverfahren wurde die wenigste Zeit benötigt.
- ◯ Die getroffenen Entscheidungen und Gesetze galten immer für alle Wikinger.
- ◯ Das Althing dauerte drei Wochen.
- ◯ Auch Dorfgemeinschaften hielten Things ab.

2. Spielt eine Versammlung in der Klasse nach. Überlegt euch, worum es bei eurem Thing geht und verteilt die Rollen.

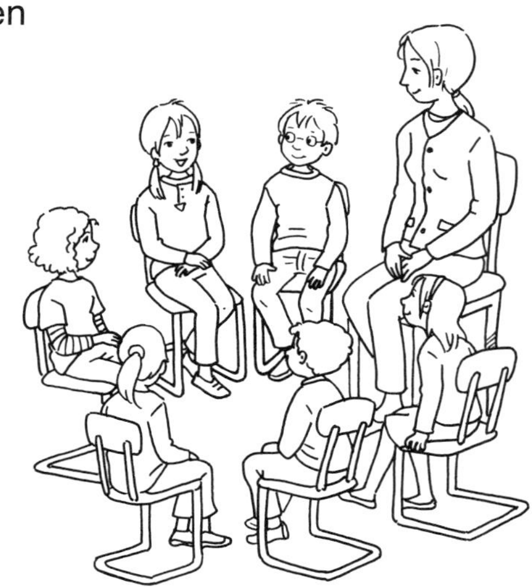

© Verlag an der Ruhr | Autorinnen: Dominique Lurz, Barbara Scherrer | ISBN 978-3-8346-3104-6 | www.verlagruhr.de

Welche Götter verehrten die Wikinger? (1/3)

Die Wikinger glaubten an viele verschiedene Götter, an kriegerische und wunderschöne Geschöpfe, aber auch an Naturgeister, wie Elfen und Trolle. Die Erzählungen („Sagas") der Wikinger berichten von den Heldentaten berühmter Krieger und Götter, aber auch von Kämpfen mit Riesen oder Ungeheuern.

Hier seht ihr drei Götter, an die die Wikinger glaubten:

Odin

Thor

Freya

Götter-Recherche. Legt im Heft eine Tabelle über die drei Götter an. Informationen findet ihr in Lexika oder im Internet unter www.wikingerzeit.net.

Name des Gottes	Funktion	Aussehen/Merkmale	Verwandte
Odin	Göttervater		

Welche Götter verehrten die Wikinger? (2/3)

Die Wikinger verehrten viele verschiedene Gottheiten. Sie stellten sich vor, dass die Welten der Götter, der Menschen, der Riesen und anderer Wesen auf einer riesigen Esche liegen. Dieser Baum wurde Weltenbaum **Yggdrasil** oder auch die Weltenesche genannt, die bis weit in den Himmel hinaufreicht.

Die Götter lebten in Asgard. **Asgard** liegt in der Baumkrone, oberhalb der Menschenwelt, die **Midgard** genannt wurde. In der Wurzel unter der Erde liegt das Totenreich **Helheim**, in der die Göttin Hel regierte. Die meisten Wikinger gelangten nach ihrem Tod nach Helheim.

Manchmal kamen die Götter von Asgard nach Midgard. Um dorthin zu gelangen, reisten sie auf **Bifröst**.

Der Bifröst war ein mehrfarbiger Regenbogen, auf dem nur die Götter reisen konnten. Menschen und andere Wesen konnten die Regenbogenbrücke nicht überqueren.

Nur die tapfersten Wikinger wurden von den Göttern auserwählt, sodass sie nicht nach Helheim kamen, sondern mit den Göttern in die **Walhalla** („Halle der Gefallenen") in Asgard einziehen durften. Walhall stellten sich die Wikinger riesig vor. Es hatte 540 Tore und das Dach war mit Schilden und Speeren gedeckt. Odin, der höchste Gott der Wikinger schickte seine Botinnen, die Walküren los, um die tapferen Wikinger in seine große Halle zu holen. Dort feierten die Wikinger gemeinsam mit den Gottheiten bis zum Weltenende.

Beschriftet den Weltenbaum Yggdrasil auf Seite 37 mit den fett gedruckten Begriffen aus dem Infotext.

Odin, der höchste Gott der Wikinger

Welche Götter verehrten die Wikinger? (3/3)

Yggdrasil

Welche Spiele kannten die Wikinger?

Die Wikinger waren ein sehr spielfreudiges Volk. Sie liebten es, sich ihre freie Zeit mit den unterschiedlichsten Spielen zu vertreiben. Im Freien verbrachten sie ihre Zeit mit Steinestoßen, Ringen, Bogenschießen, Wettlaufen, Weitsprung. Im Sommer schwammen, tauchten und ruderten sie.

So trainierten die Wikinger ihre Kraft und ihr Können – überlebenswichtig auf den Raubzügen und im Alltag in der rauen Natur. Zur Zeit der Wikinger gab es bereits auch einige Gesellschaftsspiele. Mit Würfeln erfanden sie zahlreiche Glücks-, Brett- und Würfelspiele.
Ein beliebtes Brettspiel war das „hnefatafl", ein Brettspiel mit Spielfiguren, bei dem das strategische Denken gefragt ist.
Im 12. Jahrhundert wurde dieses Spiel vom Schachspiel abgelöst und beinahe vergessen. Man kann dieses Wikingerspiel jedoch auch heute noch kaufen.

1. Warum liebten die Wikinger das Schwimmen und veranstalteten viele Schwimmwettkämpfe?

2. Was könnten die Lieblingsspiele der Wikinger im Winter gewesen sein? Schaut im Internet unter www.kinderzeitmaschine.de (Stichwort „Wikinger" und „Mittelalter") nach.

3. Sucht im Internet oder in Büchern nach dem Spiel „hnefatafl". Wie geht es? Schreibt die Spielregeln auf die Rückseite.

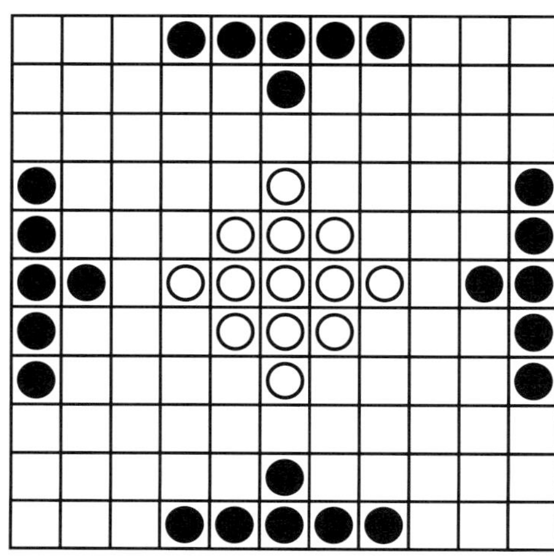

Hier seht ihr ein Spielfeld und die Spielsteine (zumeist Kieselsteine und Muscheln) in der Startposition.

Ein Wikinger-Spiel (1/3)

Ihr braucht:

➔ 2 bis 6 Mitspieler
➔ den Spielplan (S. 40)
➔ verschiedenfarbige Spielfiguren (je 4 pro Spieler)
➔ Spielkarten (S. 41, 8-fach kopiert)

So geht es:

1. Die Wikingerländer sind durch Spielfelder („Inseln") miteinander verbunden. Die Spielfelder („Inseln") auf dem Spielplan sind durch verschiedene Symbole gekennzeichnet.
2. Jeder Spieler erhält 4 gleichfarbige Spielfiguren („Wikinger") und stellt sie nach Skandinavien (= Startfeld).
   Mischt die Spielkarten. Jeder Spieler erhält 5 Karten.
   Die restlichen Karten kommen verdeckt neben das Spielfeld.

3. Der Spieler, der aussieht wie ein Wikinger, beginnt.
4. So kommt man vorwärts:
   - **Möglichkeit 1:**
     Man spielt eine Karte aus und geht mit einem seiner Wikinger auf das entsprechende Symbol vor.
   - **Möglichkeit 2:**
     Man geht mit einem seiner Wikinger ein Feld oder zwei Felder rückwärts und zieht ein oder zwei Karten.
5. **Achtung:** Steht auf einem Feld bereits ein Wikinger, darf man das nächste freie Feld mit dem entsprechenden Symbol besetzen.
6. Wer zuerst alle Wikinger im Ziel (Nordamerika) hat, gewinnt.

ACHTUNG:
- Denkt daran, dass man neue Karten nur bekommt, wenn man mit einem Wikinger rückwärtszieht.
- Am Startpunkt muss man immer zuerst eine Karte ausspielen.

Ein Wikinger-Spiel (2/3)

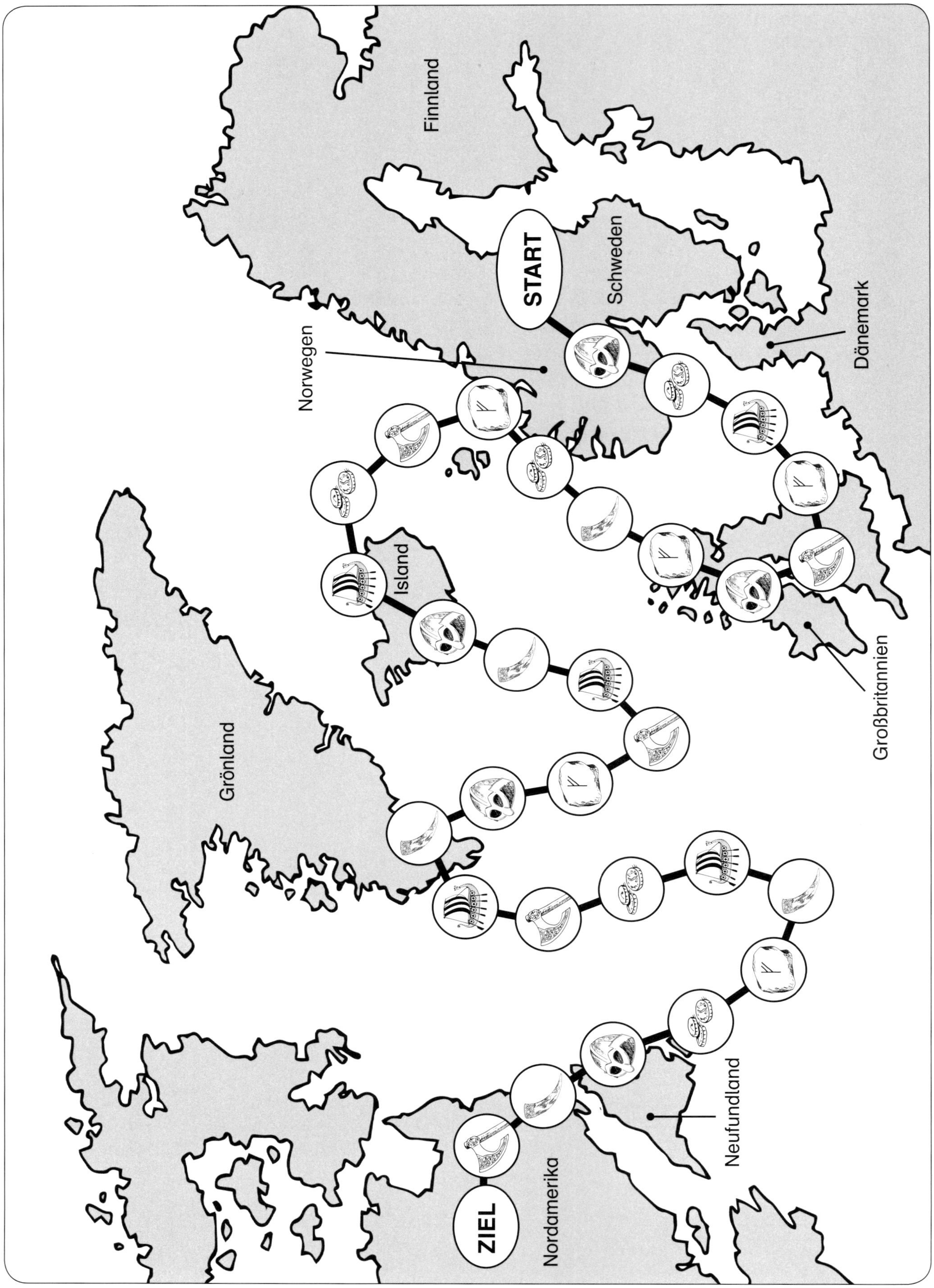

Finnland

START

Schweden

Dänemark

Norwegen

Island

Großbritannien

Grönland

Neufundland

ZIEL

Nordamerika

Ein Wikinger-Spiel (3/3)

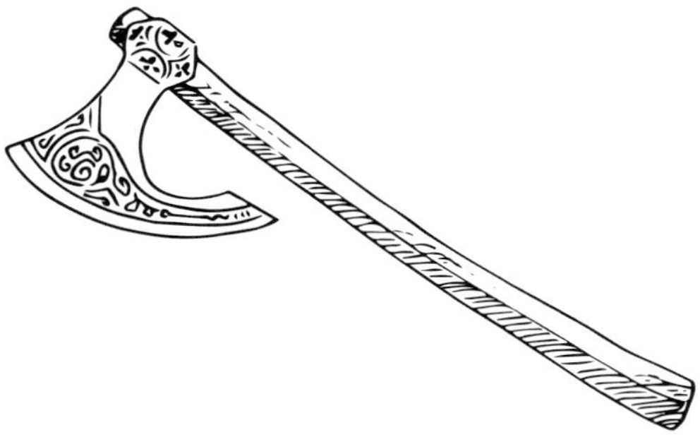

Mein Wikinger-Steckbrief

Erstelle deinen eigenen Wikinger-Steckbrief.

Wikingerzeit ....

....

Wohnorte ....

....

Berühmte Wikinger ....

....

Kleidung ....

....

Waffen ....

....

Transportmittel ....

....

Essen und Trinken ....

....

Berufe ....

....

Spiele ....

....

Schrift ....

....

Götter ....

....

Entdeckungen ....

Ich bin Wikinger-Experte

1. Wie heißen diese Götter der Wikinger?

a) .... b) .... c) ....

2. Richtig oder falsch? Kreise die Buchstaben hinter ja und nein ein. Wie heißt das Lösungswort?

Die Wikinger aßen gern „Fladbrod“.	ja:	**T**	nein:	**H**
Die Schrift der Wikinger nennt man Ruinen.	ja:	**E**	nein:	**H**
Aus einem Thing wurden Gesetze beschlossen.	ja:	**I**	nein:	**U**
Die Frauen der Wikinger waren immer die Häuptlinge.	ja:	**M**	nein:	**N**
Die Wikinger lebten mit der gesamten Familie zusammen.	ja:	**G**	nein:	**K**

Lösungswort: ....

3. Die Waffen der Wikinger. Verbinde.

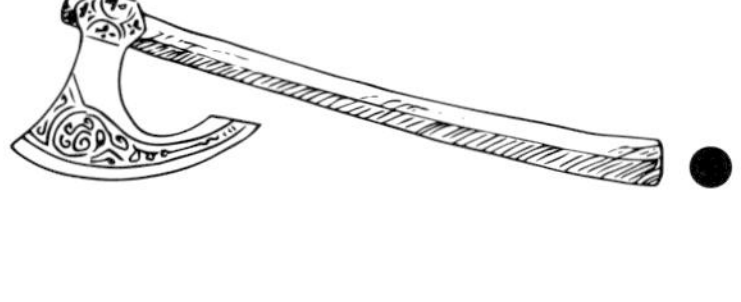

Pfeil und Bogen ●

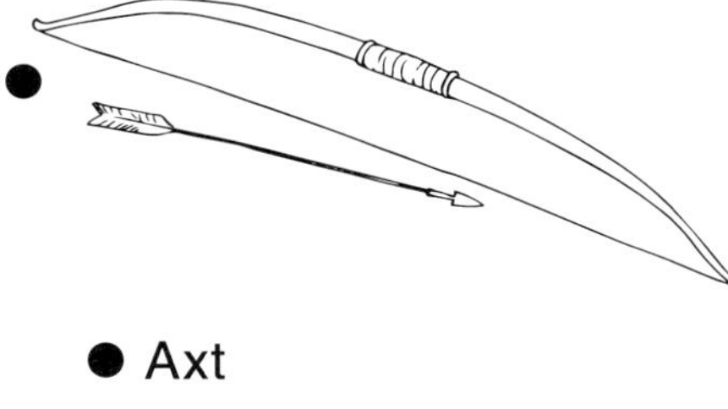

Schwert ●

● Axt

4. Nenne zwei berühmte Wikinger:

....

5. Wo lebten die Wikinger?

....

....

Kreuzworträtsel

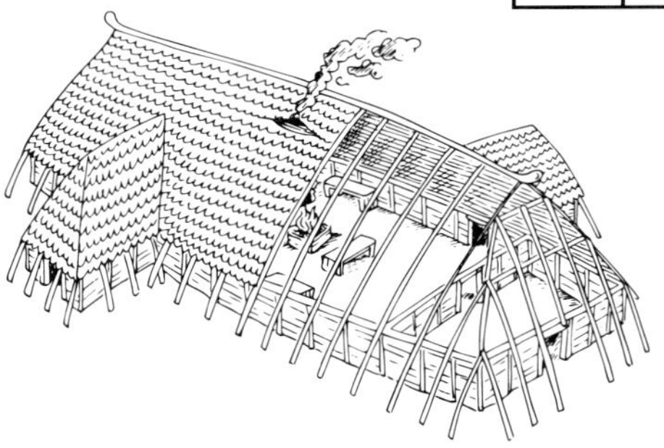

1. Wie heißt das beliebteste Wikingerspiel?
2. Was tranken die Wikinger?
3. Die Versammlung der Wikinger heißt …
4. Was bedeutet der Name Wikinger?
5. Wie heißt das Alphabet der Wikinger?
6. Wer entdeckte Grönland?
7. Wie hieß die große Handelsstadt der Wikinger?
8. Die wichtigste Waffe der Wikinger ist die …
9. Wie nennt man eines der Wikingerschiffe?
10. Das Haus der Wikinger heißt …
11. Welche Endung hatte der Nachname eines Wikingermädchens?

Eine Zeitreise zu den Wikingern?

1. Hättest du gern eine Zeit lang bei den Wikingern gelebt? Begründe.

◯ **Ja**, weil ....

◯ **Nein**, weil ....

2. Was hätte dir dort gefallen, was nicht?

Das hätte mir gefallen ☺	Das hätte mir nicht gefallen ☹

3. Stelle dir vor, du könntest den Wikingern drei Geschenke aus der heutigen Zeit mitbringen. Wofür würdest du dich entscheiden? Male und begründe.

Geschenk 1	**Geschenk 2**	**Geschenk 3**
....	....	....
....	....	....
....	....	....
....	....	....

4. Welche Erfindung hätte den Wikingern damals ihr Leben ein wenig erleichtern können? Begründe.

....

....

Wikinger-Irrtümer?

**Hier findet ihr einige Aussagen über Wikinger.
Sind sie wahr oder falsch?**

1. Besprecht euch in der Gruppe und überlegt, warum manche Aussagen überhaupt nicht stimmen können.

Wickie, der kleine Wikinger, trägt einen Helm mit zwei kleinen Hörnern.

In Wirklichkeit trugen Wikinger keine Helme mit Hörnern.

◯ **wahr** ◯ **falsch**

Die Wikinger sind nur für ihre grausamen Raubzüge bekannt und wollten immer nur Beute machen.

◯ **wahr** ◯ **falsch**

Wikinger waren die meiste Zeit betrunken. Ständig und überall tranken sie Bier. Auf ihre Reisen nahmen sie immer sehr viele Fässer Bier mit.

◯ **wahr** ◯ **falsch**

Alle Wikingerschiffe hatten Drachen- oder Schlangenköpfe.

◯ **wahr** ◯ **falsch**

Wikinger-Frauen durften mit ihren Männern nicht auf Reisen gehen, sondern mussten immer zu Hause bleiben. Sie hatten „nichts zu sagen“.

◯ **wahr** ◯ **falsch**

Wikinger legten keinen Wert auf Sauberkeit.

◯ **wahr** ◯ **falsch**

2. Kennt ihr noch weitere Irrtümer? Schreibt sie auf die Rückseite.

Zeittafel

725	Entstehung des Handelsplatzes Haithabu im heutigen Schleswig-Holstein
793	Wikinger überfallen das Kloster Lindisfarne in England → **Beginn der Wikingerzeit**
795	Wikinger segeln nach Schottland und Irland
841	Wikinger gründen Dublin, die heutige Hauptstadt von Irland
845	Wikinger zerstören Hamburg
870	Wikinger besiedeln Island
876	Wikinger aus Dänemark, Norwegen und Schweden lassen sich dauerhaft in England nieder
um 880	überfallen Wikinger die deutschen Städte Köln, Bonn und Trier
ab 886	beginnt der angelsächsische König Alfred von Wessex damit, Teile von England wieder von den Wikingern zurückzuerobern
930	Das erste Althing (Versammlung der Wikinger) findet statt
970	Erik der Rote muss Norwegen verlassen
982	Erik der Rote entdeckt Grönland
983	Zahlreiche Wikinger erreichen mit Erik dem Roten Grönland
1001	Leif Eriksson erreicht Nordamerika und gründete dort eine Siedlung
1066	Haithabu wird von slawischen Truppen angegriffen und vollständig niedergebrannt. → **Ende der Wikingerzeit**

Medientipps

Sachbücher für Kinder

Elsner, Hildegard:
Die Wikinger. Was ist was. Band 58.
Tessloff Verlag, 2015.
ISBN 978-3-7886-0298-7

Hauenschild, Lydia:
Frag mich was. Wikinger.
Loewe Verlag, 2010.
ISBN 978-3785566114

Kiesel, Harald:
Wie wild waren die Wikinger wirklich? – Willi wills wissen.
Baumhaus Verlag, 2010.
ISBN 978-3-8339-2727-0

Koopmann, Dagmar:
Benny Blu. Wikinger.
Kinderleicht Wissen Verlag, 2010.
ISBN 978-3-86751-157-5

Nieländer, Peter:
Wieso? Weshalb? Warum? Bei den Wikingern.
Ravensburger Buchverlag, 2009.
ISBN 978-3-4733-2809-3

Kinderbücher zum Thema

Knister:
Hexe Lilli und der schreckhafte Wikinger.
Arena Verlag, 2009.
ISBN 978-3-401-06198-6

Siegner, Ingo:
Der kleine Drache Kokosnuss und die starken Wikinger.
cbj Verlag, 2010.
ISBN 978-3-570-13704-8

Nützliche Internetadressen

Infoseiten zum Thema:
www.schloss-gottorf.de/haithabu
www.wikipedia.de

Kinder-Suchmaschinen zum Thema:
www.kinderzeitmaschine.de
www.geo.de/GEOlino
www.blindekuh.de
www.helleskoepfchen.de
www.kindernetz.de
www.fragfinn.de
www.kidsweb.de/wikinger_spezial/wikinger_abc.html

Weitere Bücher aus der Werkstatt-kompakt-Reihe:

Göttlicher Anja; Willmeroth, Sabine:
Die Kartoffel. Klasse 3/4.
Verlag an der Ruhr, 2013.
ISBN 978-3-8346-2453-6

Katrin Schüppel:
Dinosaurier. Klasse 3/4.
Verlag an der Ruhr, 2015.
ISBN 978-3-8346-2975-3